식탁의 영성

식탁의 영성

인간적인 밥상을 위하여

이찬수 김재성 법 현 전병술 최수빈 박태식 박현도 이길용
조승헌 이봉석 류제동 고용석 김대식 오현석 윤법달 유영근

도서출판 모시는사람들

식탁의 영성

등 록 1994.7.1 제1-1071
3쇄 발행 2014년 10월 30일

지은이 이찬수 김재성 법 현 전병술 최수빈 박태식 박현도
　　　 이길용 조승헌 이봉석 류제동 고용석 김대식 오현석
　　　 윤법달 유영근
펴낸이 박길수
편집인 소경희
디자인 이주향
관 리 조영준
펴낸곳 도서출판 모시는사람들
　　　 110-775 서울시 종로구 경운동 88번지 수운회관 1207호
전 화 02-735-7173, 02-737-7173 / 팩스 02-730-7173

인 쇄 ㈜상지사P&B(031-955-3636)
배 본 문화유통북스(031-937-6100)
홈페이지 http://blog.daum.net/donghak21

값은 뒤표지에 있습니다.
ISBN 978-89-97472-31-4   03200

이 도서의 국립중앙도서관 출판시도서목록(CIP)은 e-CIP 홈페이지
(http://www.nl.go.kr/ecip)에서 이용하실 수 있습니다.
(CIP제어번호: 2013001753)

인간적인 밥상을 위하여

사람은 먹어야 삽니다.

사람만이 아니라 동물도 먹어야 살고 무언가 '먹어야' 삽니다. 심지어는 신神도 먹어야 산다는 듯, 사람들은 신을 향해 제단에 음식을 바치곤 합니다. 살면서 먹는 행위보다 근본적이고 중요한 일이 또 있을까요?

그런데 이상한 일이 있습니다. 지극히 일상적이어서인지 너무나 당연해서인지, 먹기는 하되 먹는 행위가 무엇인지 의식하지도 못할 때가 많다는 것입니다. 먹는다는 것이 무엇인지, 지금 무엇을 먹고 있는 것인지, 내 식탁 위의 음식이 어디서 어떻게 여기까지 온 것인지, 그다지 성찰하지 않고 삽니다.

매일 음식을 먹으면서도 그 음식을 직접 만들 줄 아는 이도 많지 않습니다. 주로 남이 해 준 음식을 무심코 먹거나 공장이나 식당에서 대량 생산해 놓은 식품을 돈 주고 사 먹을 뿐입니다. 학교에서는 수

학 공식이나 영어 단어는 열심히 외워도, 요리법을 가르치거나 배우는 경우는 많지 않습니다. 가정에서의 음식은 어머니가 준비해 주는 것이 당연한 양 그저 떠넘기고 맙니다. 제과점의 고소한 빵은 제빵사쯤 되어야 만드는 것으로 여깁니다. 집에서는 겨우 인스턴트 라면이나 끓여 먹으면서 스스로 음식을 만들어 먹는 것인 양 착각하는 이들도 많습니다.

입시 공부 때문인지 사업 때문인지, 왜들 그렇게 바쁜지 겨우 짬을 내 후다닥 밥을 배 속에 밀어 넣듯 식사하기 일쑤이고, 심지어는 걸어가면서 또는 차 안에서 공장식 패스트푸드로 한 끼 식사를 때우기도 합니다.

음식의 원료에 대해서도 잘 모릅니다.

과자 한 봉지에 무엇이 들어가 있는지, 된장이나 고추장을 어떻게 만드는지 당연히 잘 모릅니다. 각종 채소의 이름도 모르고, 나물 종류는 더욱이나 모릅니다. 시장에 보기 좋게 진열된 고기를 그저 음식으로만 생각하지, 그 고기가 우리 앞에 오기까지 벌어진 일들은 외면합니다. 도살 현장은 별로 생각하지 않고, 유통 과정에 생명이 돈으로 치환되는 현상은 고려하지 않습니다.

음식이 돈벌이 수단이 된 지도 오래되고, 음식으로 돈 버는 사람이나 기업도 많지만, 먹을 것이 없어서 죽는 이들도 그에 못지않게 많습니다. 굶다 못해 뼈만 앙상하게 남은 아이가 있는가 하면, 먹던 과자 버리고 다른 아이스크림 사 달라며 떼쓰는 아이도 있습니다. 음식이 넘쳐나 그대로 버리는 경우도 허다합니다.

초콜릿 과자 한 봉지가 내 앞에 이르기까지 전 세계의 각종 원료들이 엄청난 운송비를 들여 모이고 보태지는 과정에 비인간적 착취도 있을 수 있지만 그것도 그다지 안중에 없습니다. 그저 지금 돈을 주고 초콜릿을 사 먹을 수 있다는 사실에만 만족해합니다. 이 모든 현상은 먹거리를 그저 소유하고 소비만 할 뿐, 생산하고 분배하는 것은 훈련해 보지도 가르치지도 않았기 때문에 생겨난 것입니다.

오늘날 음식에서 '인간의 얼굴'을 보기는 쉽지 않습니다.

음식을 일일이 만들어 먹던 시절에 비하면 지금이 일견 풍요로운 것 같기는 합니다. 단박에 음식을 사 먹고 나머지 시간에 일을 해서 더 많이 생산한 뒤 다시 소비하며 삽니다. 더 많이 생산하고 더 많이 소비하는 삶을 내심 부러워합니다.

이것이 풍요롭고 행복한 삶일까요. 먹거리가 돈벌이 수단이 되고, 심지어 식량이 무기화될 가능성마저 있는데도, 지천에 널린 들풀이나 열매를 구분할 줄도 먹을 줄도 모르는 삶이 과연 인간다운 삶일까요. 이 모든 일은 먹는 행위의 의미를 성찰할 기회도 없이, 그저 먹고 싶은 것을 먹는 것만으로 만족해 온 데서 벌어지는 모순들입니다. 우리 삶에서 가장 근본적인 행위, 즉 먹는 행위의 인간적·사회적 의미에 대한 성찰 교육이 부족한 탓입니다.

이러한 문제의식을 가지고 〈종교문화연구원〉의 열여섯 명 연구자들이 먹는 행위의 의미가 무엇인지, 다각도로, 가능한 쉽게 정리해 보기로 했습니다. 먹거리 자체를 다루기보다는, 먹는 행위가 무엇인지, 인간적인 식사와 생태적인 밥상은 어떤 것이어야 하는지를 다루기로 했습니다. 채식과 소식은 왜 필요한지, 밥이 누군가에게 독점되지 않고 분배되어야 하는 이유는 무엇인지 등을 정리해 보기로 했습니다.

또한 수천 년 이상 지혜를 전승해 온 동서양 종교의 가르침에서 먹는다는 것이 무엇이라고 하는지, 무엇을 어떻게 먹어야 한다고 가르치는지, 종교적 위인들은 어떻게 먹고 살았는지 등을 전공자별로 하나씩 살펴보고 가능한 쉬운 표현으로 정리했습니다. 음식을 사업의 수단으로 삼으며 벌어지는 음식의 경제학 속에서 반성해야 할 것은 없는지에 대해서도 경제학이나 정치학, 채식운동과 평화활동가의 입장을 반영하며 저마다의 생각을 모았습니다. 음식이 우리 앞에 오기까지는 생산자의 선의뿐만이 아니라 기업의 영리적 판단이 있고, 먹거리가 상품화되는 과정에 인간과 자연에 대한 억압과 차별도 깃들어 있다는 문제의식을 다 함께 공유한 결과입니다.

생명 원리가 반영되는 음식 문화를 상상해 보았습니다. 먹는 행위가 돈의 논리에 종속되지 아니하며, 모든 이가 공평하게 먹으며 살 수 있는 세상을 꿈꾸면서, 음식의 경제학 또는 먹거리의 정치학이 공정하고 인간적으로 이루어지게 되기를 바랐습니다. 보다 많은 독자들의 눈높이에 맞도록 이러한 취지를 쉽고 간결하게 전하고자 여러 차례 회의를 했고, 집필자들이 서로의 원고를 읽고 토론하면서 난이도를 조율하는 과정도 거쳤습니다. 출판 과정에서도 몇 차례 교정을 하였습니다.

인간답게 먹을 수 있는 날을 꿈꿉니다.

이 일이 먹는 행위에서 생명의 원리를 발견할 줄 아는 능력을 키우는 데 일조할 수 있으면 좋겠습니다. 먹는 행위에 평등한 인간의 얼굴과 깨끗한 자연의 모습이 동시에 담겼으면 좋겠습니다. 더디 가더라도 음식을 직접, 그리고 생태적으로 조리하고 나누어 먹을 줄 아는 사회가 되었으면 좋겠습니다.

글쓴이들을 대신하여
이 찬 수 합장

차례

식탁의 영성

컴맹을 넘었다,
식맹도 넘어라

무엇을 어떻게 먹고 살까?

이 찬 수

서울대 통일평화연구원 평화인문학 HK연구교수

밥은 어디서 왔나요

식사하셨어요? 가장 흔한 인사말입니다. 식사(食事), 순우리말로 '먹는 일'이지요. 보통 무엇을 먹고 사나요? 물도 마시고, 채소도 먹고, 때로는 고기도 먹지요. 공기를 들이마시기도 합니다. 이러니 저러니 해도 한국인의 대표 먹거리는 밥입니다. 밥 이야기부터 시작해 볼까요?

밥은 어떻게 우리 식탁에 오를까요? 밥 한 공기가 식탁에 오르려면, 볍씨는 물론 하늘의 태양(햇빛), 내리는 빗물, 부는 바람, 대지의 양분, 농부의 땀, 밥 짓는 이의 정성을 포함한 이루 헤아릴 수 없이 많은 것들이 필요합니다. 태양, 빗물, 바람, 대지, 그리고 사람의 노력이 밥 한 공기에 온전히 들어 있는 것입니다. 한마디로 밥 한 공기는 전 우주의 합작품입니다.

밥 한 공기까지 갈 것도 없습니다. 쌀 한 톨도 그렇습니다. 인간이 보기에 쌀 한 톨은 작디 작지만, 그 속에도 전 우주가 들어 있습니다.

햇빛과 물과 바람과 땀, 그리고 수천수만 년 한결같이 버텨 온 대지
가 없이는 쌀 한 톨도 생겨나지 못하기 때문입니다. 쌀은 존재 자체
로 이미 우주적입니다.

　쌀 한 톨과 인간은 분리되지 않습니다. 그까짓 쌀 한 톨, 하며 무
시하고 수채에 그대로 버리기도 하지만, 작은 쌀 한 톨이나 좀 더 큰
인간이나 우주의 합작품이기는 매한가지인 것입니다. 그 쌀 한 톨
없이 인간이라는 생명은 살 수 없습니다.

　그뿐 아닙니다. 쌀 한 톨은 내 몸의 유지를 위한 수단만이 아닙니
다. 거꾸로 내 몸이 쌀 한 톨 안으로 들어갈 수도 있습니다. 생각해
봅시다. 사람은 죽어 결국엔 한 줌 흙이 되지요. 몸에서 수분이 빠져

나가고 분해되어 결국은 땅의 일부가 되며, 민들레 뿌리에 흡수되어 꽃잎으로 피어날 수도 있습니다. 볍씨와 뿌리 안에 스며들어 낟알의 일부가 될 수도 있습니다. 인간 편에서 보면 우리가 밥을 먹고 사는 것 같지만, 쌀의 입장에서 보면 쌀이 우리를 먹고 사는 것인지도 모릅니다. 우리 몸이 죽어 분해되면 그 미시 세계가 다시 볍씨 안으로 들어갈 수도 있으니까요. 나의 몸이 쌀 한 톨이 되고, 여러 손길을 거쳐 다시 밥도 될 수 있는 것입니다.

어디 쌀뿐이던가요? 조상의 몸의 일부가 깃든 들풀을 소가 뜯고 되새김질하면서 소의 생명이 유지됩니다. 요즘 소들은 오로지 인간의 음식이 되기 위해 좁은 공간에 갇혀 지내지요. 인위적으로 가공된 사료를 먹고 반죽음 상태로 목숨을 근근이 유지하다가 결국 도살장으로 옮겨지지요. 그런 장면을 생각할수록 가능한 한 육식은 하지 말아야지 하는 생각이 절로 들곤 합니다.

어떻든 소도 무언가 먹어야 합니다. 인간이 만든 사료를 먹든 어쩌다가 들판의 풀을 뜯든, 먹어야 삽니다. 그렇게 해서 통통하게 살이 오르면, 인간은 그 소를 음식으로 바꿉니다. 소의 고기를 상품처럼 가공하고 포장해 마트 진열대 위에 전시해 놓지요. 그러면 끔찍한 도살 과정을 인식하지 못하는 사람은 입맛을 다시며 돈으로 고기를 교환해 갑니다. 그리고는 맛있게 조리해서 먹지요.

사람 몸으로 들어간 소의 몸(고기)은 어떻게 될까요? 밥 한 공기가 그렇듯이, 소의 고기 역시 사람의 몸에 필요한 에너지로 또 사람 몸 그 자체로 변환됩니다. 사람의 생식기관에서 정자와 난자 같은 생식 세포를 만들어 내는 원천이 될 수도 있습니다. 죽은 사람의 몸이 해체되어 풀의 일부가 될 수도 있고, 소의 몸을 이루기도 하다가 다시 누군가의 몸 속으로 들어갈 수도 있지요. 이렇게 생각하면 세상은 돌고 돈다거나 윤회한다거나 하는 해석들을 이해하지 못할 이유가 없습니다. 쌀 한 톨 속에 죽은 조상의 몸이 들어가 있을 수도 있고, 내가 죽어 볍씨의 일부가 될 수도 있고, 소의 일부가 될 수도 있으니 말입니다. 이런 식으로 생명은 무한한 순환 고리로 엮여 있습니다. 이것이 자연의 실상입니다.

이미 주어졌어요

정겨운 저녁 밥상은 어머니의 수고로 만들어진 것 같습니다. 어머니에게, 아니 그분이 누구더라도, 밥상을 정성껏 준비해 주는 손길에 감사해야 할 것입니다. 쌀은 농부가 만든 것 같기도 합니다. 농부가 땀 흘려 농사짓고 추수하고 탈곡도 해야 우리 밥상에 오르게 되니 말입니다. 과자는 공장에서 만들어지는 것 같기도 합니다. 피자 가게에서 피자를 만든 것 같기도 합니다.

하지만 한 번 더 생각해 봅시다. 볍씨 없이, 태양의 햇살 없이, 빗물 없이, 부는 바람 없이, 대지 없이 농부가 쌀을 만들 수 있을까요? 하늘의 햇빛을 받고 빗물을 머금어 생산된 밀로 만든 밀가루 없이, 우유를 발효시켜 만든 치즈 없이 맛있는 과자나 피자가 만들어 낼 수 있을까요?

우리가 먹는 모든 음식은 모두 주어져 있는 것들로 만들어집니다. 인간이 편안하고 맛있게 먹을 수 있도록 모양을 바꾸는 등 가공을 좀 했을 뿐이죠. 씨를 많이 심고 가꿔서 좀 더 많이 생산할 수는 있지만, 쌀 자체를 만들어 낼 수는 없습니다. 쌀 비슷한 인공 식품을 만든다 해도, 그것을 만들기 위한 재료 자체는 어떤 형태로든 우리 주변에 이미 주어져 있는 것들입니다. 인간이 자연 그 자체를 창조할 수 없습니다. 모든 것은 주어져 있는 선물입니다.

음식만 선물일까요? 제아무리 산해진미가 내 앞에 쌓여 있어도 그것을 먹고 소화하는 능력이 없다면 무슨 소용일까요? 결국 음식이라는 것도 내가 먹을 수 있어야 음식입니다. 그런데 음식을 먹고 소화시키는 능력은 어디서 어떻게 생겼을까요? 그 능력은 내가 창조해 낸 것일까요? 내가 위장을 만들고 심장을 뛰게 하고 대장을 움직이는 것일까요? 아닙니다. 그냥 그렇게 움직이고 있고 영양분을 소화 흡수하도록 태어난 것입니다.

음식을 먹을 수 있는 능력조차도 나에게 주어진 것입니다. 나는 그렇게 태어났고, 먹을 수 있는 능력이 주어져 있어서 음식을 먹고 소화시키며 살아갈 수 있는 것입니다. 충북 음성에 있는 사회복지시설 '꽃동네' 표지석에 씌어 있는 "얻어먹을 수 있는 힘만 있어도 그것은 주님의 은총입니다"라는 문장도 결국 이런 입장을 나타내 줍니다.

이것이 인간 본래의 생김새입니다. 인간의 본성이라고 해도 될 것입니다. 몸을 그저 그런 물질처럼 여길 것이 아니라, 이러한 본성을 의식하며 그에 어울리도록 살아야 합니다. 천도교에 '이신환성' (以身換性)이라는 말이 있습니다. 몸을 본성에 맞게 바꾸라는 뜻입니다. 육체의 한계에 매몰되지 않고 본성을 탐구하고 구현하며 사는 자세를 의미합니다. 우리 몸도, 그 몸이 먹는 음식도, 음식을 먹는 행위도, 모두 본래 그러한 성품에 맞도록 해야 한다는 뜻이기도 합니다.

먹는 것에도 정치가 있어요

이제까지 먹거리에 대해, 그리고 먹는 행위의 자연법칙적 측면을 생각해 보았습니다. 이러한 원리를 생각하면 음식을 함부로 내버리지 않고, 음식 앞에서 겸손해지며, 건강한 생태적 삶을 사는 데 도움이 됩니다. 물론 그렇게 한다고 해서 갑자기 세상이 좋아지거나 당장 큰 혼란이 생기는 것도 아닐 겁니다. 세상은 그냥 그대로 굴러가는 것처럼 보일 테지요. 하지만 모르거나 간과할수록 인간을 비참하게 만드는 일도 있는데요, 음식과 인간의 사회적 혹은 정치적 관계가 그것입니다.

음식은 본래 자연의 선물이고, 건강한 삶을 살게 해 주는 수단입니다. 분명한 것은 삶이 목적이고, 잘 살기 위해 음식이 필요하다는 사실입니다. 하지만 음식이 생명 살림의 수단이 아니라 인생의 목적이 될 때, 인간의 아름다운 질서는 어그러지기 시작합니다.

음식이 삶의 유일한 목적이 되어야 할 만큼 불행한 상황은 더 없을 겁니다. 물론 지구상 곳곳에서 그 불행한 상황은 지금도 계속되고 있습니다. 생존에 필요한 최소한의 음식조차 없어서 삶이 위협받는 빈곤한 이들이 많습니다. 그들에게는 음식이 그 자체로 목적일 수밖에 없습니다. 필사적으로 음식을 구하는 데 매달릴 수밖에 없지요. 그래도 잘 구하지 못할 만큼 힘든 조건에 놓인 사람들이 너무도 많습니다. 그러므로 음식을 어느 정도 먹고 사는 사람이라면, 굶주리는 사람들이 음식을 지상과제로 삼지 않고도 살 수 있도록 도와주어야 합니다. 개인적으로는 물론, 사회적 혹은 정치적 차원에서도 정책적으로 도와야 합니다. 이른바 인도적 지원이 아무 조건 없이 이루어져야 하는 것입니다. 그것이 본래 음식을 먹고 살도록 태어난 인간의 본성에 대한 최소한의 예의입니다.

먹는 행위에는 생물학적 의미만이 아니라 사회적 의미도 있습니다. 인류의 스승 예수도 음식을 인간의 유일 목적으로 간주하는 자세를 경계했지요; "사람이 떡으로만 살 것이 아니라, 하느님의 입에서 나오는 말씀으로 살 것이다."(마태복음 4,4, 누가복음 4,4, 신명기 8,3)

하느님의 말씀으로 산다는 것은 단순히 예배당에 열심히 나가야 한다거나 성경을 열심히 읽어야 한다는 뜻이 아닙니다. 앞에서 본 대로 세상의 존재 원리, 생명의 원리에 부합하는 삶을 살아야 한다는 뜻입니다. 눈앞에 보이는 떡 한 덩이에 목숨을 걸기보다는, 먹을 것을 두고도 또 다시 더 많은 것을 쟁취하려는 소유욕을 불태우기보다는, 떡 한 덩이가 내 앞에 주어져 있다는 사실과, 누군가의 은덕으로 내가 그 떡을 먹을 수 있게 되었다는 사실과, 그 떡을 먹고 내가 살아가게 된다는 사실에 감사할 줄 아는 삶을 살아가는 것을 의미합니다. 수단과 목적을 혼동하면 안 된다는 것입니다.

음식에는 이처럼 사회적·정치적 의미도 있습니다. 이 음식을 나누는 일은 생명의 근거를 나누는 일이고, 예나 이제나 친교의 최고 방법이라고 할 수 있습니다. 사람이 사람에게 줄 수 있는 으뜸 선물도 음식이지요. 친해지려면 식사를 같이 하는 게 최고입니다. 친한 사람끼리 식사를 같이 하는 일도 자연스럽지요. 한자리에서 같은 음식을 먹는다는 것은 서로를 결속시키는 수단이 됩니다. 반대로 누군가와 한자리에서 음식 먹기를 거부한다면 그것은 친교를 거절하거나 파기하겠다는 상징적 제스처로 비쳐집니다. 그만큼 먹는 행위야말로 인간적인 삶과 관계의 기본입니다.

문맹이나 컴맹만 있는 게 아니에요

두 번째 문제는 우리가 음식을 먹으면서도 정작 그 음식에 대해 잘 모른다는 것입니다. 오늘날 음식물 소비자 상당수는 그 음식이 우리 식탁에 오르기까지의 생산과정을 알지 못하고 그저 소비하기만 합니다. 자연법칙 또는 생명 원리는 성찰하지 못한 채 음식을 그저 돈으로 살 수 있는 물질로 생각합니다. 음식 소비자는 가능한 한 적은 돈으로 최대한 많은 음식을 사려 하고, 음식 생산자는 가급적 적은 비용으로 최대한 많은 음식을 만들어 내려 합니다. 그러다 보니 논밭에서, 목장에서, 공장에서 최소한의 비용으로 최대한의 생산을 하기 위한 각종 조작이 가해집니다.

겉보기에는 파릇파릇한 채소도 실상은 유해하게 키워지는 경우가 많습니다. 속성 대량 재배를 위해 인체에 치명적인 화학비료와 농약이 사용됩니다. 심지어 초식동물인 소에게 동물성 사료를 먹이기까지 합니다. 속성으로 몸집을 키워 더 많은 이윤을 남기기 위해서이지요. 도살하는 과정의 반생명적 폭력은 더 말할 나위 없을 겁니다. 저비용 고효율의 경제 논리에 따라 생명에 반생명적 조작이 가해지는 것입니다. 그래서 마트에 진열된 먹거리가 겉보기에는 그럴 듯하지만 실제로는 독이 되는 경우도 많습니다. 나를 위해 음식을 먹는다지만 그 음식이 나도 모르는 사이에 내 건강을 위협합니다.

음식(먹거리)은 생명과 생존의 핵심이지만, 정작 인간은 자신의 먹거리를 직접 만들어 먹을 새도 없이 지내거나, 만들어 먹을 줄도 모릅니다. 겨우 라면이나 끓여 먹을 뿐, 밥을 직접 해 먹지 못하는(해 먹을 줄 모르는) 경우도 많습니다. 그저 사다 먹습니다. 간장·고추장·된장을 사다 먹은 지 오래되었습니다. 쑥·개망초·냉이·돌나물·미나리·고사리를 알지 못하고, 상추와 고추·피망·토마토를 심어 키워본 적도 없습니다. 가공된 햄을 사다 프라이팬에 튀기는 일이 요리의 모든 것이라 생각하기도 합니다. 현대인의 불행이 여기에서 시작됩니다.

음식을 그저 돈으로 환산하면서도 별 문제의식을 갖지 못하는 사이, 인간은 음식의 본래 의미로부터 소외됩니다. 현대인은 상당수가 '식맹'(食盲)입니다. '문맹'(文盲)이나 '컴맹'만 있는 것이 아닙니다. 자신이 평생 먹고 사는 음식물을 제대로 생산해 보지도 못하고, 요리조차 제대로 할 줄 모르는 이것이 식맹이 아니면 무엇이겠습니까? 이 음식이 어떻게 해서 내 앞에 오게 되었는지 잘 모르고, 음식의 정체에 대해서도 눈감습니다. 남이 해 놓은 것을 그저 먹기만 합니다.
그것이 식맹입니다.

직접 요리해 먹어요

요사이는 태엽 시계가 거의 사라졌습니다. 우리 모두가 태엽 시계를
만들지는 못하더라도 태엽 시계가 돌아가는 원리는 조금만 상상해
보면 알 수 있었습니다. 태양이 움직이는 정도를 톱니바퀴로 잘게
쪼개 시간을 나타내도록 한 것이니까요. 우리 모두가 자전거를 만들
지는 못하지만 자전거가 동작하는 원리를 알 수 있고 자전거를 직접
탈 수도 있습니다. 하지만 디지털 세계로 진입하면서 물질문명은 인
간의 보통 상식의 범위를 벗어났습니다. 우리는 디지털 기기의 작동
원리를 잘 모르면서 스마트폰을 그저 신기해하며 매뉴얼이 알려 주
는 방법대로 사용하기만 합니다. 돌아가는 원리는 잘 모른 채 날로
정교해지는 첨단 기기를 사용하고 누리기만 합니다.
　현대 문명의 비극이 여기에서 시작됩니다. 우리는 우리가 쓰는 물
건이 어떻게 해서 우리 앞에 왔는지 잘 모릅니다. 인간이 문명의 창
조자이지만, 현대 문명은 언젠가부터 자기의식을 가지고 인간을 종
속시켜 가는 거대한 힘으로 확대되는 중이라 해도 과언이 아닐 정도

생명의 근원에 대해 성찰하고,
내가 먹는 행위가 무엇인지 알고
좀 더 느리게 가야 할 때입니다.

입니다. 대다수 인간이 현대 문명에, 아니면 그 문명을 좌우하는 소
수 권력 집단에 종속되어 살아갑니다.

음식도 그렇습니다. 우리가 먹는 무수한 완성품 먹거리들이 어떻
게 우리 식탁에 오르게 되었는지, 대형 마트에 진열되어 있는 고기
상품이 어떻게 우리 앞에 오게 되었는지 잘 모릅니다. '문맹'과 '컴
맹'은 넘어섰는지 모르지만, 문명에 휩싸일수록 생명의 근간인 음
식에 대해서는 점점 더 중증의 '식맹'이 되어 갑니다. 먹는다는 것
은 단순히 음식물을 섭취해 소화시키는 것만을 의미하지 않습니다.
쌀 한 톨도, 내 몸도 모두 우주의 합작품이자 유기적인 생명 고리로
얽혀 있음을 의식하고, 먹는 이와 먹히는 것의 건강하고 유기적인
관계를 유지해 나가는 것입니다.

그러려면 음식이 만들어지는 체계를 알아야 하고, 음식과 자신의

관계를 성찰할 수 있어야 합니다. 음식의 단순한 소비자가 아니라 공동 생산자가 되어야 합니다. 건강한 생산자와 교류해야 건강한 먹거리가 나오고, 건강한 먹거리를 직접 조리해 먹을 줄 알 때, 생명의 원리에 부합하는 최소한의 원칙을 구체화시킬 수 있습니다.

음식(식량)을 경제 논리로만 접근하고 심지어 무기화하는 요즘의 대세는 우려스럽습니다. 누군가 물이나 산소를 무기화한다면 얼마나 끔찍한 일이겠습니까? 음식은 무기가 되어서는 안 됩니다. 생명의 혈관을 따라 흐르는 피톨입니다. 다른 물질문명은 놓치더라도, 생명의 원리를 느껴 가며 음식을 직접 생산할 줄 알고 요리할 줄도 알아야 합니다. '식맹'을 벗어나 '음식 시민'이 되어야 하는 것입니다. 가족이 집에서 더 자주 함께 식사해야 하고, 가능한 모든 사람이 조리법을 배우고, 가정과 학교에서는 체계적인 '음식 교육'이 이루어져야 합니다(『먹을거리 위기와 로컬푸드』 336쪽).

종교 혹은 신앙의 핵심은 교회당에서 예배 드리는 데에만 있지 않습니다. 친환경 농법에 애쓰는 사람, 힘들게 일부러 '슬로푸드'를 만들어 먹는 사람, 가령 일부러 '채식'하고 나아가 '소식'을 하는 사람 모두 요즘 시대에 어울리는 종교적 실천가입니다. 좀 더 느리게 가더라도 생명의 근원을 성찰하고, 내가 먹는 행위가 무엇인지 알면서 살아야 할 때입니다.

붓다는
무엇을먹었나?

붓다와 음식 문화

김재성

마하보디명상심리대학원 명상심리학과 교수

생활필수품

불교는 육식을 하지 않고 채식을 하는 종교로 간주되는 경향이 있습니다. 우리나라의 산사에 가면 모든 식단이 채식으로 제공되기 때문입니다. 그러면 완전한 지혜를 갖추었다고 하는 붓다는 채식만 하였을까요, 아니면 육식도 하였을까요? 식사는 어떤 방식으로 하였을까요? 이런 궁금증을 함께 풀어 보도록 하겠습니다. 붓다와 그의 제자들이 무엇을 먹었으며, 어떻게 먹었는지는 초기 불교 문헌을 통해서 알 수 있습니다.

우리가 살아가는 데 꼭 필요한 것, 즉 생필품에는 무엇이 있을까요? 살아가는 데 반드시 필요한 것들 중에서도 중요한 것은 의식주 용품과 약입니다. 입는 옷, 먹는 음식, 집 또는 거처와 몸이 아플 때 치료하는 약품은 필수품 중의 필수품입니다. 이러한 생필품을 구하기 위하여 사람들은 직장에서 일을 하거나 사업을 합니다.

그런데 붓다와 출가한 제자들은 농사를 짓거나 상업을 하거나 물

태국 스님들은 탁발이 일상의 생활이다.
이러한 스님들의 생활은 부처님께서 권장하신
매우 중요한 일 중의 하나이다.

건을 만드는 등의 일을 하지 않았습니다. 그러면 어떻게 생활필수품
을 조달해서 생활했을까요? 옷은 버려진 옷감을 깨끗이 빨아서 입거
나 신자가 제공한 옷감으로 만들어 입었고, 거처도 자연 동굴이나
나무 아래에서 지내거나 신자가 지어서 기증한 절에서 머물렀습니
다. 아플 때도 신자들이 제공한 약품으로 질병을 치료하였습니다.
음식은 신자들이 제공하는 조리된 식품을 매일 탁발해서 먹거나 초
대를 받은 집에 가서 먹었습니다. 이 생필품 가운데 우리가 관심 있
는 먹을 것에 대해서 좀 더 자세히 알아 보겠습니다.

붓다가 먹은 음식과 음식을 구하는 방식

2500여 년 전의 붓다는 무엇을 어떻게 먹었을까요? 붓다는 매일매일 음식을 일반 사람들에게 얻어먹었습니다. 탁발이라는 말은 음식을 동냥하는 일을 말합니다. 탁발은 붓다 이전부터 수행의 길을 가는 사상가나 종교인의 생계 유지 수단이었습니다. 그들은 신자들이나 일반인들이 준비해 놓은 음식의 일부를 매일 얻어먹으면서 살아갑니다. 음식을 얻어먹다 보니, 음식을 준비한 사람들이 먹는 음식과 같은 것을 먹을 수밖에 없었습니다. 그 음식에는 곡식과 채소와 과일도 있었지만, 생선이나 고기도 있었습니다. 탁발을 하는 데는 몇 가지 규범이 있는데, 중요한 것은 특정한 음식을 요구해서는 안 된다는 것입니다. 신자들이 마련한 음식이라면 맛있거나 맛없거나, 거칠거나 부드럽거나 따지지 말고 소중하게 생각하며 먹으라고 가르칩니다. 수행승은 음식을 받으면서 자신을 위해 최상의 음식으로 대접하는 것은 좋은 일이라거나, 앞으로도 자신을 위해 최상의 음식으로 대접할 것이라는 생각을 하지 않으면서, 걸식한 음식에 속박되지 않고, 어리석음에 의해 헤매지 않으며, 음식에 속박된 탐욕에서 벗어나 지혜를 지니고 음식을 먹는다고 하였습니다. 그리고 이때 수행승은 자신에게 해를 끼치려고도 하지 않고 남에게 해를 끼치려고도 하지 않으며, 허물(잘못)이 없는 음식을 먹을 뿐입니다.

육식에 관한 일화

초기 경전에서 붓다와 그 제자들이 육식을 했다는 일화가 있습니다. 빠알리 율장(律藏) 대품(Vin I, 238: 4-9)에 다음과 같은 이야기가 나옵니다. 붓다가 자이나교의 독실한 신자였던 시하(Siha) 장군이 마련한 식사를 마치고 나서 제자인 비구들에게 육식에 대한 설법을 한 것입니다. 배경 이야기는 다음과 같습니다. 시하 장군은 당시 유명한 사회 인사였고, 붓다를 만나기 전에는 독실한 자이나교(Jaina敎) 신자였습니다. 자이나교는 붓다와 동시대의 종교 지도자로서 마하비라(Mahavira)로 불리던 니간타 나타풋타가 교주인 종교인데, 불살생의 교리에 따라 엄격히 채식을 하는 종교입니다. 자이나교는 육식이 바로 그 고기를 죽이는 일과 연관된다는 입장을 취하였습니다. 즉 자이나교도들은 고기 자체에 고기를 죽인 행위가 이미 있다고 주장합니다. 따라서, 이런 고기를 먹은 사람은 고기를 죽인 사람과 같이 살생을 했다고 말합니다. 불교 윤리는 기본적으로 동기를 중시하는 데 반해 자이나교는 결과를 중시합니다. 동기란 의도입니다. 의도는 업(業, karma)인데, 의도 없는 행위, 다시 말해 업이 없는 행위는 선악으로 구분하지 않는다는 입장입니다. 결과를 중시하는 윤리관은 동기가 어떠하든 간에 결과만을 보고 선악을 판단하는 결과주의라고 할 수 있습니다. 살생을 해서 얻어진 고기라는 결과물에는 살생 행위가 포함되어 있다고 보는 논리가 결과주의입니다.

시하 장군은 붓다를 만나고 가르침을 들은 뒤 붓다의 신자가 됩니다. 이 과정에서 붓다와 제자들이 식사 초대를 받게 되고, 시하 장군은 하인들에게 이미 죽여진 고기, 즉 특별히 승려들을 위해 죽이지 않은 고기를 구해 오라고 합니다. 시장에서 고기를 사 오라고 한 것입니다. 이 부분이 중요합니다. 장군은 붓다와 승려들에게 대접할 고기를 직접 죽여서 준비한 것이 아니라, 이미 준비된 고기를 시장에서 구해 오도록 한 것입니다. 물론 붓다와 제자들은 그 고기를 먹었습니다. 그러자 자이나교도들이 사문 고타마(붓다)를 지정해서 "그들은 동물을 죽였다. 사문 고타마는 이 사실을 알면서도, 자신을 위해 마련된 고기를 먹고 있다."라고 비난하였습니다. 자이나교 승려들이 자신들의 신자였던 시하 장군이 붓다와 비구들에게 고기를 포함해서 성대한 식사 접대를 하는 것을 보고, 특히 붓다와 그 제자들이 고기를 마다하지 않고 먹은 것을 가지고 시비한 내용입니다. 이 이야기는 맛지마 니까야(中部) 55경인 『지와카 경』에도 전해지고 있습니다.

만일 세상 사람이 모두 불교도라면 육식은 극히 제한될 것입니다. 스스로 살생해서, 아니면 남을 시켜서 죽인 고기는 먹을 수가 없기 때문입니다. 자연사한 동물을 먹는 것은 문제가 되지 않을 것입니다. 하지만 모든 사람이 불교도가 되는 것은 현실적으로 붓다 시대

미얀마 파옥 명상센터에서 점심을 드시는 스님들. 음식은 아침과 점심만이 채식으로 제공되며 오후에는 먹지 않는다. 오후불식의 계율은 처음에는 어려우나 일주일에서 열흘 정도 지나면 적응이 되고 적절한 수행에 도움이 된다고 한다.

에도 가능하지 않았고 지금이나 앞으로도 불가능할 것입니다. 불교 국가에서 도살업을 하는 사람들은 대개 이교도이거나 종교가 없는 사람들이라고 합니다.

육식에 대한 또 다른 일화는 가장 오래된 경전인 『숫타니파타』에도 나옵니다. 이 경전에서는 닭고기를 먹는 것은 수행자에게 어울리지 않는 비린내 나는 행위라고 과거의 붓다인 가섭(카사파)불을 비방하는 바라문(힌두교의 사제)에게, 비린내 나는 일은 고기 먹는 일이 아니라 다음과 같은 일이라고 말합니다; "살아 있는 생명을 죽이는 일, 때리고 자르고 묶는 일, 훔치고 거짓말하는 일, 속이는 일, 쓸모없는 것을 배우는 일, 타인의 아내와 가까이 하는 일, 이것이 비린내 나는 일이지 육식이 비린내 나는 일이 아니다(숫타니파타 Sn 242게)." 또한

"생선이나 고기를 먹지 않는 것, 단식, 나체, 삭발, 머리를 묶는 것(結髮), 먼지, 거친 사슴 가죽을 입는 것, 화신(火神)을 섬기는 것 또는 불사(不死)를 얻기 위한 고행, 주문, 공양, 제사나 계절에 따른 고행도 모두 의혹을 넘지 않으면 그 사람을 청정하게 할 수 없다(숫타니파타 Sn 249게)."고 하여, 생선이나 고기를 먹지 않는 행위가 수행자의 길을 가는데 근본적으로 엄수해야 하는 필수 조건은 아니라고 하였습니다.

육식이 아니라 살생이 문제

붓다의 가르침에 따르면, 육식을 하는 일이 잘못된 일이 아니라, 생명을 죽이고 폭력을 쓰며 남의 것을 훔치고 거짓말 하는 등의 악행이 문제라는 말입니다. 그리고 불교 입장에서는 육식을 전면적으로 금한 것이 아니라, 자기가 먹는 고기가 죽는 것을 자기 눈과 귀로 직접 목격했거나 들은 경우와, 자기를 위해 일부러 죽인 고기라는 의심이 있을 때는 육식을 하면 안 된다고 합니다. 빠알리 율장(Vin I, 237-8)에 세 가지 깨끗한 고기는 수행승이 먹어도 좋다고 부처님이 허락했습니다. 자기에게 제공된 고기를 죽이는 것을 (1) 보지 않은 것, (2) 듣지 않은 것, (3) 자기를 위해 죽였을 것이라는 의심이 없는 고기가 그것입니다. 따라서 살아 있는 동물을 죽이는 것과 정육점에서 고기를 사서 먹는 일, 어떤 것이 더 문제가 될까 생각해 보면, 초기불교의 입장에서는 동물을 죽이는 것이 더 문제가 됩니다.

역사적으로 후대에 성립한 일부 대승 경전(능가경, 범망경 등)에서 육식을 금하는 사상이 대두하는 것은 시대적인 배경과 이유(육식을 금하는 힌두교의 발달 등)가 있었다고 생각되지만, 붓다는 위와 같이 제자들을 가르치셨다는 사실을 기억해야 합니다. 붓다는 걸식에서 얻은 고기를 드셨습니다. 붓다의 자비심과 지혜는 육식과 아무 관계 없이 항상 충만합니다. 개인적으로 육식을 안 하는 것은 건강상 좋은 일이라고 생각하지만, 육식을 금하는 것이 불교의 본래 가르침이 아니라는 사실과 위의 『숫타니파타』의 가르침을 잘 상기해서 이해하는 것이 중요합니다.

어느 경우에나 먹어서는 안 되는 금지된 고기가 율장에 제시되어 있습니다. 먼저 코끼리고기와 말고기인데 이는 당시 사람들이 이 동물을 왕실의 상징으로 생각했기 때문입니다. 개고기나 뱀고기는 사람들이 역겨워하기 때문입니다. 사자·호랑이·늑대·곰·하이에나의 고기는 그 고기를 먹은 자를 그 동물들이 공격하기 때문에 먹지 말라고 하였습니다. 이러한 금기는 승단에 몸담고 있는 사람들의 신앙을 보존하고 승려나 신자의 유익함을 위해서이며, 승려를 위험에서 보호하기 위한 것이었습니다.

점심을 드시는 태국의 스님들.
태국에서는 오전 10시경부터 점심 식사를 한다.

현재 테라와다 불교도들이 먹는 음식

다음으로 붓다의 가르침을 가장 원형에 가깝게 지키고 있는 불교 전통의 음식 문화를 살펴보겠습니다. 스리랑카·태국·미얀마 등의 남아시아·동남아시아 지역의 불교를 테라와다 불교 또는 남방 상좌불교라고 합니다. 테라와다 불교는 붓다 시대와 가장 가까운 생활양식을 지키는 불교 전통입니다. 필자도 1991년 여름 3개월간 테라와다 불교의 승려가 되어 명상 수행을 지도하는 절에서 생활한 적이 있었습니다. 그곳에서의 아침 식사 시간은 오전 6시였고, 식사 후 7시부터 1시간 정도 신자들의 집을 돌며 탁발을 하는데, 기본적인 밥과 반찬을 얻어 왔습니다. 탁발을 나갈 때는 음식을 얻는 일이 어렵다는 것을 기억하기 위해 맨발로 다닙니다. 신자들이 음식을 얻기 위해 고생한 것을 맨발로 다니면서 느끼라는 것입니다. 그렇게 얻어 온 밥과 반찬에 절의 부엌에서 요리한 반찬을 더하여 10시 30분에 점심을 먹습니다. 점심의 주 메뉴는 밥과 다양한 야채 요리, 생선, 닭고기, 돼지고기 그리고 다양한 과일입니다. 저녁은 간단한 주스나 꿀물을 마십니다. 공식적인 저녁 식사는 하지 않고 오후 불식(不食)의 계를 지킵니다. 태국의 한 숲 속의 절을 방문했을 때는 아침 식사가 없었고, 오전 10시경부터 점심 식사를 하였는데, 야채와 함께 고기나 생선이 반찬으로 나왔습니다. 이것이 붓다 당시와 가장 가까운 음식과 식사법입니다.

오후 불식과 채식

오후 불식은 정오가 지난 다음 곡식이나 굳은 음식을 먹지 않는 계입니다. 일반 신자들이 한 달에 네 번 지키라고 하는 8계 가운데 여섯 번째 계로, 포살일(매달 음력 1, 8, 15, 24일)에 일반 신자들이 지키거나 집중명상센터에서 일상적으로 지킵니다. 그리고 계율에 의하면 출

점심을 먹는 사미승(예비 승려)들.

가한 사미·사미니(예비 승려), 비구·비구니(정식 승려)들은 의무적으로 오후 불식의 계를 지키게 되어 있습니다. 하지만 한국 불교를 포함한 동아시아의 불교 국가의 경우는 오후에 약석(藥石)이라는 형태로 저녁을 먹지만 채식을 하고 있습니다. 채식의 전통은 기원 전후에 생겨난 대승 불교의 영향을 받아 시작된 것이며 중국 불교의 영향을 받은 것이기도 합니다. 현대 티베트 불교의 승려들은 초기 불교처럼 육식을 하기도 합니다. 요즘은 산사에서는 채식을 하지만, 절 밖에서는 엄격하게 채식을 고집하지 않는 경향도 있습니다. 요즘의 한국 불교 승려가 육식에 관대해진 것은 테라와다의 육식 허용 문화의 영향도 있다고 생각됩니다.

한편 붓다 시대부터 오후에 먹지 못하는 것과 먹을 수 있는 것이 구분되어 있었습니다. 곡식이나 채소로 만든 음식은 먹을 수 없지만 여덟 가지 재료로 음료를 만들어 먹는 것은 허용되었습니다. 망고, 잠부 열매, 코코아, 바나나, 꿀, 포도, 연뿌리, 딸기 등으로 만든 음료와 사탕수수 즙도 마실 수 있습니다. 과일과 꿀로 만든 음료 등을 마실 수 있는 것입니다. 저녁을 먹지 않는 대신에 적당한 당분을 섭취하는 것이 필요하기 때문에 이러한 음료를 마시는 것이 허용되었습니다. 사탕이나 초콜릿이 허용되기도 합니다.

대승불교와 육식 금지

육식을 금지한 『능가경』은 여래장(如來藏) 유식 사상(唯識思想)을 설하는 대승불교 경전입니다. 능가경의 육식 금지(대정장16, pp.561cff, 563bff)를 보면 자이나교의 결과주의적 윤리 사상에 입각한 가르침과 비슷합니다. 육식을 하면 자비심이 끊어진다는 논리도 마찬가지입니다. 인도의 여래장 유식 사상은 적어도 3-4세기 이후에 등장합니다. 인도 본토에서 가장 큰 세력을 가진 설일체유부(說一切有部)라는 부파불교에 비판 의식을 가지고 있던 출가와 재가의 불자들이 대승 운동을 일으킨 시점을 대략 서기 전후의 시기로 보고 있습니다. 대승불교가 일어나게 된 동기인 대승 보살 사상에 따르거나 개인적 경험이나 초기 불교와 테라와다 불교 전통에 의하면 적어도 세 가지 청정한 고기를 먹는 것과 자비심의 소멸과는 아무런 관계가 없습니다. 채식을 하면서도 성내는 마음을 다스리지 않았을 때, 우리 마음에서 자비심은 찾아볼 수 없습니다. 히틀러도 채식주의자였습니다. 반대로 육식을 하면서도 마음을 제대로 조절할 때는 자비심이 우러나옵니다.

결과로서 주어지는 음식을 가지고 시비하는 것보다, 어떻게 하면 내 마음의 탐욕과 분노와 무지를 다스릴 수 있을까를 논의하고 실천하는 것이 바람직하다고 생각합니다. 이것이 원인인 마음을 다스리라고 한 붓다의 가르침입니다.

잘 먹어야
해탈도 한다

지혜롭게 먹는 법, 먹거리 속의 지혜

법 현

열린선원 원장

추억 속의 먹거리

어렸을 적 먹거리와 관련한 제 추억의 한 토막입니다.

제 고향은 전라남도 화순군 남면 검산리입니다. 그야말로 겹겹이 산으로 둘러싸인 산골이었지요. 그곳에서 10리를 넘게 산모퉁이 지나 들길 따라 시냇물을 따라 걸어서 초등학교(국민학교)에 다니던 시절이 그립습니다. 어린 시절 어머니가 친정에 가신다고 하면 나도 덩달아 외갓집에 가는 즐거움을 마음껏 누릴 수가 있었습니다. 새로운 경치와 새로운 사람을 만나는 즐거움도 물론 컸지만 무엇보다도 새로운 먹거리를 먹을 수 있다는 즐거움이 더 컸을 것입니다. 여름에 따라 나서면, 산모퉁이를 돌 때면 나타나는 원두막을 지나치지 않으셨지요. 원두막에는 둥그런 수박이 손짓하고 있었습니다. 어머니는 할머니 할아버지 드릴 수박을 큰놈으로 잘 골라서 사시고 나는 그것을 바라보고 있었습니다. 큰 수박을 고르고 나서는 '우리 아들도 한 덩이 먹어야지?' 하시면서 작은 수박을 골라 주셨지요. 냉장이 되지 않은 수박이었지만 먹을 것이 별로 없었던 그 시절에는 그래도 정말 맛있었습니다. 입 안에서 스르르 녹는 수박의 단맛이란! 그런데 그 한 덩이의 수박을 어머니께는 한 쪽도 안 드리고 혼자서 다 먹어 버렸습니다. 그야말로 배가 터지게 먹었지요. 어찌 보면 설탕 맛이 있지만 물배를 채운 것이기도 했습니다. 포만감으로 행복해져서 어머니를 앞서 가던 나는 깜짝 놀랐습니다. 아! 배 속이 수박으로 가득 차니 한 걸음 한 걸음 뗄 때마다 배 속에서 묘한 소리가 나는 것이 아니겠어요? 바로 창자를 채운 수박 국물이 출렁출렁 소리를 내는⋯⋯. 이솝 우화의 늑대 생각이 나는 것은 또 무슨 일이었을까요?

　겨울에 갈 때는 인절미를 얻어먹었던 것으로 기억합니다. 인절미를 만드는 것은 또 얼마나 재미있고 신기한 체험이었던가요? 떡메를 치는 사이사이 물을 묻혀서 손으로 잘 뒤집어 주어야 떡메에 떡이 묻지 않으면서도 먹기 좋게 찰기를 유지하면서 말랑말랑해지는 인절미. 떡메를 치는 사람의 기운이 좋아야 하고 들어 치는 시간과 떼내는 시간이 잘 들어맞고 오가는 손의 빠르기도 잘 맞아야 했습니다. 잘못하면 인절미에 들러붙어서 떡메가 떨어지지 않거나 손등 위를 찍을 수 있습니다. 떡메가 인절미를 치고 떨어질 때 나는 소리는 또 어찌 그리 경쾌하던지! "쩌~엉~" 소리가 울려 퍼졌지요. 외할머니댁에서 만들어 먹기도 하고, 이웃집에 마실을 따라가서 얻어먹기도 했습니다. 겨울 밤 따뜻한 아랫목에 도란도란 둘러앉아 나누는 이야기들은 참으로 정겹고 즐거운 것이었습니다. 밤이 이슥하면 굳어진 인절미를 내오고, 화로에 얹어 구워 먹기도 하고, 조청에 찍어 먹기도 하는 인절미는 어린 나에게는 정말 천상의 별미 같았지요. 조청이 어찌나 달고 맛있던지 "외할머니 이것이 무엇이지요?" 하고 여쭸더니 외할머니께서는 "워매, 우리 외손주가 조청이 맛있는가 보네…. 여 그 조청 한 접시 더 주시오, 예!" 하여 조청 한 접시를 더 얻어먹었지요. 그러고도 또 한 접시를 더 먹었는데, 어찌 했는지 아십니까? 그저 맛있고 아까워서 접시에 묻어 있는 조청을 혓바닥으로 싹싹 씻어 먹는데 그 모습을 보고 한 접시를 또 더 주더라고요.

말씀 속의 먹거리

신화의 세계에도 먹거리와 관련된 일화는 뺄 수 없는 소재입니다.

토끼와 여우와 원숭이가 모여서 제각기 착하다고 뽐내고 있었습니다. 그것을 지켜보던 하늘임금(帝釋天)이 할아버지로 몸을 바꿔 내려와 배가 고프니 먹을 것을 달라고 했지요. 기회라고 생각한 그네들은 각기 흩어졌다가 돌아왔어요. 살펴보니 여우는 썩은 생선, 원숭이는 도토리를 물고 나타났는데 토끼는 빈손으로 왔네요. 왜 빈손으로 왔느냐는 할아버지의 야단에 토끼는 장작을 모아다가 불을 피우더

어느 것 하나라도 먹지 못하는
것은 없습니다. 그러니 소중하지
않은 것 또한 없습니다.

래요. 그러더니 불 속으로 폴짝 뛰어들며 자기 몸이 익거든 잘 잡수
시라고 했습니다. 하늘임금은 고기를 먹는 대신 토끼를 달 속에 올려
놓았지요. 중생들에게 희생정신이란 자랑하지 않고, 쓰다 만 것을 주
는 것이 아니라 온몸을 바치는 것임을 알게 하고 본받게 한 것이지
요. 붓다의 전생 이야기인 『자따까(Jataka: 本生經)』에 나오는 이야기입
니다. 하늘임금은 희생된 토끼의 고기를 먹지 않았습니다.

　인간(중생)보다 더 높은 수준을 가지고 있는 존재(신, 부처)들에게 자
신의 마음을 바치고 도움을 바라는 의식(祈禱, 齋)에 음식이 쓰이지요?
이때 쓰이는 음식에는 물, 밥 등이 있습니다. 물은 인간이 안 먹는 것
을 중심으로 사고한 먹거리입니다. 밥은 사람이 먹는 것을 중심으로
생각해 낸 먹거리입니다. 물에는 술(酒)과 차(茶)가 있고, 밥에는 반(飯)
외에 고기(魚, 肉)와 과실(果, 米) 등이 있습니다. 도저히 사람의 의식으

로는 높은 수준에 이를 수 없다고 판단하는 민족과 종교는 술을 이용해 신적인 것의 영역에 다가갑니다. 술이 제공하는 초인간적 언어가 신성(神聖)과도 통한다고 본 것이지요. 신의 언어와 인간의 언어가 같을까요, 다를까요? 네, 다르다고 본 것입니다. 그리고 같은 사람이지만 술을 마신 사람은 말하는 것이 안 마신 사람과는 다르지요? 다르다는 측면에서만 보았을 때 술 마신 사람과 신이 보통 사람과 다른 것이고, 어리석은 마음에서 생각할 때 다른 것끼리는 같은 것이 아니냐고 생각할 수 있지요. 그래서 신에게 통하는 말을 하기 위해 술을 마시는 것이지요. 반면 사람의 의식으로 높은 수준에 도달하는 것이 가능하다고 생각한 곳에서는 사람의 의식을 깨워 좀 더 수준 높게 하기 위해 차(茶)를 사용합니다.

평생의 의례 가운데 태어나고 혼인하고 죽는 것에 관한 의례와 돌아간 분을 기리는 행사에 모두 차를 썼습니다. 추석과 설에 지내는 제사를 차례(茶禮)라고 하고 큰스님의 추모제를 다례(茶禮)라고 하는 것이 증거이지요.

나와 우리를 만드는 먹거리

민족과 문화의 차이에 따라 다른 것들을 썼더라도 그 목적은 거의 같았습니다. 그것은 바로 진실한 마음을 드러내어 신과 부처에게 다가 가고, 고백하여 예쁨을 받고자 함입니다. 거기에 학대와 조작이 섞이는 것은 바람직하지 않습니다. 거짓이 끼어드는 것은 더더욱 안 됩니다. 그러다가는 무시무시한 벌을 받지 않을까요? 이미 우리는 그런 경우를 많이 겪었습니다. 몇 해 전, 미국산 소고기 수입 협상 과정이 그중 하나입니다. 그래서 국민 불신이라는 벌을 받았지요. 불신한 국민들도 불안과 공포에 시달리는 고통을 겪었습니다. 공업중생(共業衆生), 즉 공동 운명체인 것입니다.

이러한 경우에 꼭 생각해야 할 것이 있습니다. 바로 먹거리가 고기든 풀이든 그들이 바로 내 몸을 이룰 것들이므로 시간의 흐름만 바꿔놓으면 바로 나의 몸 자체라는 사실입니다. 그렇기 때문에 학대 받은 고기를 먹거나 유전자 조작 식물을 섭취하는 것은 바로 내 몸을 그렇게 하는 것임을 알아야 합니다. 정신(영)적인 건강과 그것을 가능하게 하는 몸의 건강을 유지하는 데 가장 필요한 것은 고기나 기름진 음식이 아닙니다. 조상때부터 대대로 먹었던 음식이라는 것이 영양학자와 의사들의 일치하는 견해이지요. 우리 조상님네가 드셨던 먹거리들은 자연 속에서 취하는 과정에서 학대하거나 조작해서 유·불리를 따졌던 것들이 아니었습니다. 그래서 그것을 먹고살아 온 우리네 조상들은 그리 살찐 사람도 없었고 조금 말라 보여도 험한 질병 없이 그런대로 제 수명을 누리다가 돌아간 것입니다. 이렇게 먹거리를 보아야 오늘 우리가 당면한 문제가 해결의 실마리를 찾을 수 있을 것입니다.

골라 먹을까요?

콩을 볶아 먹어 본 적이 있나요? 아니 볶은 콩을 먹어 본 적이 있습니까? 요즘은 하도 먹을 것이 많고 맛있는 것이 질리도록 많아서 먹어 보지 않았을 것도 같은데…. 볶은 콩을 먹으면 참 맛이 좋습니다. 고소한 냄새와 혀끝을 구르는 맛이 매혹적이지요. 놀놀하게 볶은 콩은 그저 주워 먹으면 될 것 같지만 그 속에는 썩은 것이나 벌레 먹은 것도 있어서 골라서 먹어야 합니다. 그만큼 별 것 아닌 일에도 선택이라는 작업이 필요하지요. 그러나 '고르다 배곯는다'는 속담처럼 너무 고르다가는 바라는 것을 가져 보지도 못할 수 있습니다. 그래서 결정은 확고해야 하지만 선택은 신중해야 합니다.

친구를 보면 그 사람을 알 수 있다고 했습니다. 그래서 친구는 아주 중요합니다. 친구도 잘 골라야 합니다. 친구는 어떻게 고르는 것이 잘 고르는 것일까요? 영국 속담에 그 방법이 제시되어 있습니다. "친구를 고를 때는 천천히 골라라. 바꿀 때는 더 천천히 바꿔라."(Be slow in choosing a friend, but slower in changing him.) 꿀이 있는 곳을 찾아서 이

꽃 저 꽃 사이를 날아다니는 나비는 잠시 살피거나 사진이라도 찍을라치면 어느새 다른 곳으로 날아가 버립니다. 이런 나비들처럼 이 친구 저 친구 바꾸면서, 지금 만나는 친구를 남에게 말할 때는 둘도 없는 친구라 합니다. 또 지금 당장 잘 만나지 않는 친구는 '절대로 같이 어울릴 수 없는 놈'이라 하거나 심하게는 '같은 하늘 아래 함께할 수 없는 놈'이라 해 놓고, 얼마 지나지 않아 언제 그랬냐 싶게 다시 만나기도 합니다. 그런 이들은 영국 속담을 꼭 유념할 일입니다.

물론, 우리 조상들이 제시했던 방법이 제일 뛰어난 것 같기도 합니다.

아버지가 아들에게 좋은 친구를 많이 사귀어야 인생이 행복해진다고 말하며 친구 사귀기를 권유하였다. 아들은 아버지가 준 돈으로 열심히 먹을 것을 사 주며, 특히 술로 친구를 사귀면서 아버지에게 큰소리를 쳤다. 아버지는 그냥 친구가 아니라 어려운 때 어려움을 무릅쓰고 발벗고 도와주는 친구를 사귀라고 하였다. 아들은 그래도 큰소리였다. "목숨까지도 함께할 수 있는 친구들입니다!"

어느 날 아버지가 아들에게 얼마나 진실한 친구를 사귀었는지 살펴보자고 말했다. 돼지 한 마리를 죽여서 가마니로 덮어 씌운 뒤 지게에 실었다. 밤중에 돼지를 실은 지게를 지고 아들의 친구들을 찾아갔다. 살인을 했다고 거짓말을 하면서 시체를 치워 달라고 부탁하자 목숨

밥을 통해 깨달음을 얻고 사회에 이바지 하는 것이 제대로 된 식사이며,
이것이 바로 공양입니다.

까지 함께하자고 했던 친구들이 하나같이 거절하였다. 아들의 얼굴
이 벌레 씹은 표정이 되었다. 이번에는 아버지가 자기 친구를 말하며
어려운 때 함께한 친구라고 만나 보자고 했다. 찾아가 역시 같은 말을
하면서 도움을 요청하자 아버지의 친구는 조심스럽게 들어오라고 했
다. 그러더니 내가 처리할 테니 걱정 말고 밥이나 먹으라고 하였다.
그때 아버지는 웃으면서 자초지종을 말하고 잡아 간 돼지와 술로 잔
치를 벌였다.

결론은 친구를 잘 사귀어야 한다는 것입니다. 친구를 보면 그 사람을 안다고 했습니다.

이렇게 스스로의 힘으로 친구든 무엇이든 소용되는 것을 고를 수가 있다면 모르지만 살다 보면 그렇게 맘대로 되지 않을 수가 있다는 생각이 들어 이런 이야기를 긍정하지 않을 수도 있습니다. 그럴 때 생각나는 이야기가 있습니다. '새는 앉을 나무를 고르지만 나무는 새를 고르지 못한다.'는 말이 그것입니다. 정말 그럴까요? 새가 나무를 고르는 것처럼 나무도 새를 가려서 앉히지 않을까요? 그런 연구가 있습니다. 비유하자면 이렇습니다. 가끔 귓속이 가려워 귀지를 파낼 때가 있습니다. 스스로 파낼 수도 있고 남에게 부탁할 수도 있습니다. 의학적으로는 파내지 않는 것이 좋다고 하니 일부러 팔 필요는 없습니다. 자기가 하면 그렇지 않지만 남이 하면 엉뚱한 곳을 건드릴까 봐 살며시 걱정됩니다. 그래서 귀를 맡겨 놓고는 잠이 드는 사람도 있지만 신경 쓰느라 온통 집중을 해서 뻐근해하는 사람도 있습니다. 그때 머리를 잘못 움직이면 오히려 크게 다치는 수가 있어서 움직이지는 못하지만 귓속 근육을 움직이려 노력해 본 경험이 있을 것입니다. 그렇게 움직이지는 못해도 움직이려는 노력을 하는 것처럼 나무도 그렇지 않을까요?

'내셔널 지오그래픽'이나 '동물의 왕국', '신비한 세계' 등의 프로그램을 본 적이 있나요? 그런 프로그램들을 보면 생각이 없다고 알려진 동·식물 또는 광물의 움직임이 신기하게도 생각을 하는 사람의 그것과 다르지 않은 경우가 많다는 것을 알 수 있습니다. 널리 알려진 대로 소에게 여물을 주기 전에 음악을 들려주면 나중에 음악만 들려주어도 침을 흘린다는 보고에서부터, 오가는 곤충들을 잡아먹는 식물 그리고 새들을 골라 앉히는 나무까지…. 수동적이기만 할 것 같은 식물이 능동적으로 선택하는 모습이 놀랍기만 합니다. 말 못하는 동물도 선택하고, 움직이지 못하는 식물도 선택하는데 우리가 가만히 있을 수는 없습니다. 볶은 콩도 골라 먹어야 합니다! 그래야 맛있는 콩을 더욱 맛있게 먹을 수 있습니다.

쓸모없는 것은 아무것도 없다

그렇지만 버려지는 음식물은 어떻게 생각해야 할까요? 부처님 당시에 죽은 이도 살려 낸다는 명의가 있었습니다. 이름이 지와까(Jivaka)인데 인도말로 '생명'이라는 뜻이라고 합니다. 그는 부처님을 잘 따랐던 빔비사라 왕의 아들인 무외 왕자와 한 창녀 사이에서 태어났습니다. 어머니는 그를 낳자마자 보자기에 싸서 버렸는데 마침 무외 왕자가 발견하였습니다. 왕자는 죽은 줄 알았더니 목숨이 붙어 있다고 하여 지와까라는 이름을 지어 주고 잘 키웠다고 합니다. 출생의 비밀도 모르고 무럭무럭 자라난 지와까는 열다섯 살이 되었을 때 공부를 하겠다고 아버지인 무외 왕자에게 말했습니다. 무슨 공부를 하겠느냐고 묻자 자신과 같은 처지의 사람들에게 생명을 되찾아 주겠다는 생각으로 의술을 공부하겠다고 하였습니다. 지와까는 집을 떠나 이웃나라의 명의인 삥갈라(Pingala)에게 10년간 의술을 배웠습니다. 10년이 지난 어느 날 스승은 의술의 마지막 비법을 알려 주겠다고 하였습니다. 희망에 부푼 지와까에게 스승은 묘한 지시를 하였습니다. 전국을 다 뒤져서 '약에 쓸 수 없는 풀들만 골라서 한 바구니를 구해 오라.' 는 것이었습니다. 지와까는 명의가 되겠다는 일념으로 방방곡곡을 샅샅이 뒤져 보았습니다. 하지만 산과 들에 널려 있는 풀들 중에서 약에 쓸 수 없는 풀을 찾는 것은 참으로 힘이 들었습니다. 이윽고 집으로 돌아온 지와까에게 스승이 '얼마나 캐 왔느냐.' 고 물었습니다. 지와까는 '아무리 뒤져보아도 쓸모없는 풀을 찾을 수 없어서 스승님의 분부를 받들지 못하겠습니다.' 라고 힘없이 대답했습니다. 그때 스승님은 뜻밖에도 자비스럽게 말했습니다. "하나도 구해오지 못했다는 말이지? 잘했다! 쓸모없는 것은 아무것도 없다는 것을 아는 너는 참으로 어진 의사가 될 것이다. 이제 아픈 이들에게 자비를 베풀러 가라."

스승 삥갈라의 예언적 당부대로 지와까는 민간에서도 못 고치는 병이 없었고 빔비사라 왕의 치질과 부처님의 풍병, 아나율 존자의 눈병과 아난다 존자의 부스럼을 치료하는 등 명의가 되었습니다. 당시에 별 기구도 없이 두개골을 절개하는 수술을 한 것으로도 알려져 있습니다. 그러면서도 빠세나디 왕에게 자신은 기껏 사람 몸의 병이나 돌볼 뿐 마음까지 돌보는 대의왕은 바로 부처님이라고 하였습니다.

소중하게 다뤄야 한다

이와 같이 어느 것 하나라도 먹지 못하는 것은 없습니다. 그러니 소중하지 않은 것 또한 없습니다. 모든 먹거리를 소중하게 여겨야 합니다. 어느 스님이 훌륭하다고 소문난 스님을 만나러 산속에 있는 절로 찾아갔습니다. 그분께 삶의 지혜를 배우기 위해서이지요. 그런데 산속으로 나 있는 물길을 따라 올라가다 보니 상추 잎들이 떠내려 오는 것이 아니겠습니까? 그것들을 본 스님은 '아무리 수행을 잘했다 할지라도 먹거리를 이렇게 소홀히 대하는 것을 보니 배울 것이 없겠다.'라고 생각하고 오르던 길을 되돌아 내려가기 시작했습니다. 그런데 잠시 뒤에 위쪽에서 헐레벌떡 뛰어오는 젊은 스님이 있었습니다. "왜 산길을 뛰어내려 오느냐?"고 물었더니 "상추 잎 하나라도 절대 소홀히 하지 말라는 큰스님 당부가 있었는데, 실수하여 흐르는 물에 떠내려가는 상추 잎을 잡으러 이렇게 달려왔다."고 하는 것이 아닙니까? '그럼 그렇지. 제대로 된 수행자가 어찌 먹거리를 소홀히 하겠는가.' 라고 생각하여 다시 가던 걸음을 돌려서 찾아 올라갔다고 합니다.

배려하는 마음으로

이야기 하나 더 소개할까요? 계율과 관련된 이야기입니다. 절에서는 빙 둘러앉아서 말도 하지 않고 밥을 먹지 않습니까? 이른바 '발우공양' 이라고 하지요. 쉽게 생각하면 그냥 일반인들도 똑같이 먹는 '밥그릇으로 먹는 식사' 라는 뜻입니다. '발우' 는 그릇이라는 뜻이고, '공양(供養)' 은 '밥을 통해 깨달음을 얻고 사회에 이바지 하는 것' 이 제대로 된 식사라는 뜻에서 부처님께 올리는 먹거리와 스님들이 하는 식사를 공양이라고 합니다. 절에서는 방 안쪽에 젊은 스님들이 앉고 입구에 어른 스님들이 앉습니다. 어른들이 출입하시기에 편하도록 배려하는 것이지요. 방 제일 안쪽에는 대개 부처님이 모셔져 있지요. 그런데 어느 날 발우공양을 하는 어른 스님의 눈에 이상한 것이 띄었습니다. 부처님이 젊은 스님의 머리를 쓰다듬는 것이었습니다. 처음에는 헛것을 보았나 생각해 눈을 비벼도 보았지만 아무리 봐도 헛것이 아니고 실제 상황이었습니다. 젊은 스님은 땀을 뻘뻘 흘리며

공양을 하고 있었습니다. 공양 중에는 말을 하지 않는 것이 불문율이라 공양이 끝나고 어른 스님이 젊은 스님에게 무슨 일인지 물었습니다. 그런데 젊은 스님은 땀을 더 흘리면서 아무것도 아니라고 하였습니다. 어른 스님은 야단치듯이 바른대로 말하라고 재촉하였습니다. 그러자 젊은 스님이 울듯이 "죄송합니다. 큰스님! 제 국 속에 생쥐가 빠져 있었습니다. 그래서 먹을 수도 없고, 사실을 말하자니 다른 스님들이 공양을 하지 못하고 굶을까 두려웠습니다. 또, 공양을 만든 스님들이 어려움을 겪을까도 두려워서 이러지도 저러지도 못하고 소매로 가리면서 먹는 둥 마는 둥 하고 있었습니다. 벌해 주십시오."

요즘 집 근처의 가게 또는 빵집이나 마트에서 잘못된 음식을 가지고 다투는 경우를 보고 생각나는 이야기입니다. 먹거리를 가지고 다른 생각을 하거나 싸워서는 안 된다고 생각합니다. 먹거리를 잘 먹어야 복잡하고 어리석은 생각이나 몸을 시원하게 벗어나는 해탈도 하여서 평화를 나도 누리고 다른 이들도 누리도록 하여 모두가 행복해지기 때문입니다.

공자는
어떻게 먹었나?

바르게 먹어야 바른 사람이 된다

전병술

건국대학교 학술연구교수

공자의 식탁

한 사람이 단정한 모습으로 상 앞에 앉습니다. 상 위에는 잡곡밥과
더불어 고기와 채소, 탕 등이 놓여 있습니다. 화려하진 않지만 정갈
한 상차림입니다. 그렇게 밥과 반찬이 양념장과 함께 질서정연하게
놓여 있고, 상 한귀퉁이에 절인 생강도 몇 쪽 놓여 있네요. 엄숙한 표
정으로 젓가락을 들고 음식 중에 한 가지를 집어 상 한귀퉁이에 정
성스럽게 내려놓습니다. 자연에 감사하고 선조들에 감사드리는 의
식이랍니다. 그리고 식사를 시작합니다. 식구들과 제자들도 함께합
니다. 조용한 가운데 식사가 이어집니다. 마치 의식을 치르는 듯 엄
숙합니다.

　2,500여 년 전 중국 땅 어떤 집의 식사 모습을 그려 보았습니다.
주인공은 바로 인류의 스승으로 추앙 받는 공자(孔子)입니다. 『논어
(論語)』 「향당(鄕黨)」 편에 나오는 공자의 식생활을 조합하여 재구성해
보았습니다. 『논어』는 유교의 핵심 경전으로 총 20편으로 이루어졌

인류의 영원한 스승, 공자.
공자는 '먹는 것'에서 까탈스러울
만큼 엄격하게 격식을 지켰다.

고 주로 공자의 가르침이나 제자들과의 문답 내용을 담고 있는데, '마을'이라는 뜻의 「향당」편은 집과 동네에서의 공자의 의식주를 비롯한 일상생활을 제자들이 기록한 것입니다. 이는 다른 종교 전통의 경전에서는 찾아보기 힘든 특이한 내용으로, 공자도 우리와 같은 보통의 인간임을 알 수 있는 동시에 제자들의 스승에 대한 흠모의 자세를 엿볼 수 있기도 합니다.

그런데 「향당」편에 나타난 것에 의하면 공자의 식생활은 여간 까탈스럽지 않았습니다. 예컨대 쉰밥과 상한 생선, 부패한 고기는 먹지 않았음은 물론이고, 빛깔이 나빠도 먹지 않았고, 냄새가 나빠도 먹지 않았으며, 요리가 잘못되어도 먹지 않았고, 제철 음식이 아닌 것도 먹지 않았다고 합니다. 나아가 고기 등 음식을 자른 것이 반듯

하지 않으면 먹지 않았고, 간이 맞지 않아도 안 먹었다고 합니다. 심지어 자리가 반듯하지 않으면 앉지도 않았다고 하네요. 왜 이렇게 까탈스럽게 굴었을까요? 우선 건강을 생각해서겠지요. 공자는 아파도 출처가 불분명한 약은 먹지 않았고, 시장통에서 사 온 술이나 육포도 먹지 않았다고 했으니까요. 내 몸의 건강이 효도의 시작이기 때문이 아닐까요? 공자가 제자인 증자(曾子)와 효도에 관해 문답한 것을 기록한 경전인 『효경(孝經)』 첫머리에서 "신체발부, 수지부모, 불감훼상, 효지시야(身體髮膚, 受之父母, 不敢毀傷, 孝之始也)."라고 하였습니다. "신체와 터럭과 살갗은 부모에게서 받은 것이니, 부모에게서 받은 몸을 소중히 여겨 훼손하지 않는 것이 효도의 시작이다."라는 뜻입니다. 공자가 살던 시대에는 죄수들이나 했던 문신을 하고, 몸매 관리한다고 일부러 굶기도 하는 현대인들을 공자가 본다면 무슨 말을 할까 궁금하네요.

공자의 유랑

사생아라는 소리를 들을 정도로 부적절한 경로로 태어난 공자가 자신의 조국인 노(魯)나라에서 지금의 법무부 장관이나 대법원장에 해당하는 '대사구'라는 지위에까지 올랐다가, 조국을 떠나 무려 13년간 여러 나라를 돌아다니며 유랑하게 된 계기도 음식이었습니다. 공자의 출생에 대해서는 많은 이야기가 있습니다. 몰락한 귀족 집안의 하급 무사였던 아버지의 이름은 숙량흘이라고 합니다. 전장에서 공을 세워 부자가 된 숙량흘은 결혼하여 딸만 아홉을 낳았습니다. 어떻게든 아들을 낳을 요량으로 첩을 들여 아들을 얻기는 하였으나 태어날 때부터 다리가 성치 않아 크게 실망했다고 합니다. 결국 건강한 아들을 얻고 싶어서 70세도 넘은 나이에 스무 살도 채 되지 않은 안징재라는 여자와 관계하여 아들을 얻었는데 그가 바로 공자였습니다. 한나라 역사학자 사마천은 『사기(史記)』에서 공자의 출생에 대해 "야합하여 낳았다(野合而生)."라고 표현했습니다. 야합이란 부부가 아닌 남녀가 서로 정을 통한다는 뜻으로, 이는 공자의 아버지와 어머니가 부적절한 관계였음을 의미합니다. 나이 많은 아버지는 공자가 세 살 때 돌아가셨고 홀어머니 밑에서 가난하게 자란 공자는 정원 관리나 가축 돌보기 등 허드렛일을 하면서도 꾸준히 독학하여 관리가 되었고, 결국 장관의 지위에까지 오르게 되었던 것입니다. 공자의 노력으로 노나라는 안정기에 접어들었고, 진일보하여 뜻을 한껏 펼칠 때가 왔습니다. 이때 노나라가 강해지는 것을 두려워한 이웃의 제나라에서 춤추고 노래하는 80명의 기녀들과 말들을 노나라 왕에게 보냈고, 음주가무에 취한 노나라 왕은 정치를 돌보지 않고 잔치만 즐겼습니다. 왕이 정신을 차리고 좋은 정치를 할 날만 손

꼽아 기다리던 공자는 노나라 왕이 제사 음식을 나누어 주는 예를 어긴 것을 빌미로 결국 조국을 떠나 유세를 하면서 죽을 고비를 만나기도 하고 굶주림을 겪기도 하는 등 인고의 길을 걷게 됩니다.

조화로운 삶

공자에게 먹는다는 것은 어떤 의미였을까요? 공자의 일생 소원은 공동체의 질서와 조화를 회복하는 것이었습니다. 우리 인간은 관계의 존재입니다. 부모 형제로부터 시작된 관계는 이웃과 사회, 나아가 전 우주로까지 확장됩니다. 따라서 관계를 어떻게 맺느냐에 따라 공동체의 운명이 결정됩니다. 공자는 공동체의 발전은 질서와 조화를 유지하는 데 핵심이 있다고 믿었습니다. 질서와 조화는 나로부터 시작됩니다. 내 안의 아름다운 마음(仁)을 끄집어내어 가정에서 실천하고, 그 마음을 사회 전체로 확장하면 질서와 조화는 천하에 걸쳐 이루어지는 것이고요. 이렇듯 내 마음이 외부로 표현되는 것을 유교에서는 예(禮)라 부릅니다. 그러므로 공자가 예를 중시한 것은 너무도 당연한 이치죠. 그렇다면 예의 실천은 어디부터 해야 할까요? '음식남녀'라는 말에서 보듯 식욕과 성욕은 인간을 포함한 생물의 가장 기본적이고 원초적인 욕구입니다. 가장 기본적인 욕구에서부

동아시아인의 생활 총화, 『예기』.
"예는 음식부터 시작된다."고 하였다.

터 예를 지켜야 한다는 것이 공자의 생각이었기 때문에 밥상머리 교육을 강조하였던 것이지요.

『예기(禮記)』라는 경전에서 "예는 음식에서 시작된다."라고 하였습니다. 사실 조화롭다는 단어에서 '화(和)' 자가 본래 요리에서 나온 말입니다. 고대 경전에서 요리할 때 물과 불, 재료와 양념이 알맞게 어우러져 가장 좋은 맛을 내는 요리의 최고 경지를 일컬어 조화롭다(和)고 했으며, 정치도 요리에서 최선의 맛을 내도록 노력하듯 조화롭게 해야 한다고 강조하였습니다. 그러므로 식생활에서의 행위 규범은 예(禮)를 기반으로 하는 체제의 출발점이라고 할 수 있습니다.

그럼 공자가 식생활에서 앞에서 언급한 까탈스러운 태도 외에 어떤 예의를 지켰는지 볼까요? 공자는 "임금이 음식을 내리시면, 반드시 자리를 바로 하고 먼저 맛보시며, 임금이 날고기를 내리시면 반드시 익혀서 조상께 올리시고, 임금이 살아 있는 것을 내리시면 반드시 기르셨다."라고 제자들이 기록하였습니다. 자리를 정돈하고 바르게 앉는 것은 아마도 임금이 면전에 있는 듯 공경하는 태도를 지키려 함이겠지요. 먼저 맛보았다는 말은 맛본 후 이웃들과 함께 나누어 먹음을 의미하나요? 날고기를 받으면 익혀서 조상에게 제사함은 영광을 조상과 함께 나누기 위함이고, 살아 있는 것을 받으면 길렀다 함은 함부로 죽이지 않아 임금의 은혜를 저버리지 않도록 하려는 것이고, 나중에 중요한 행사에 쓰려 함이지요. 또 마을 사람들과 함께 술 마실 경우 나이 든 사람이 먼저 나간 후에 따라 나갔다고 하니, 먹고 마시는 것에서도 얼마나 예의를 지키기 위해 노력했는지 알 수 있습니다. 공자의 이와 같은 행동은 억지로 꾸미는 것이 아니라 내면의 자연스러운 표출이었습니다. 이는 "군자는 한 끼의 식사 시간 동안에도 사람다움을 어기는 법이 없다."는 공자의 말이 증명합니다. 여기에서 군자는 완전한 인격체로서 유교의 이상적 인간상을 말합니다.

공자는 먹는 것으로 제자들뿐 아니라 임금에게도 예의를 가르쳤습니다. 공자가 주유열국에서 돌아와 노나라 임금을 알현한 어느 날의 이야기입니다. 임금이 공자에게 복숭아와 기장을 주면서 맛을 보라고 권하였는데 공자는 먼저 기장을 먹고 나서 복숭아를 먹었습니다. 그러자 좌우의 신하들이 모두 입을 가리고 웃었습니다. 임금이 말했습니다. "기장은 먹으라고 준 것이 아니라 복숭아털을 씻어내라고 준 것이오."

공자가 답합니다. "저라고 왜 그것을 모르겠습니까? 하지만 기장은 오곡(쌀·보리·콩·조·기장) 가운데 으뜸이 되는 곡식으로서 선왕을 제사 지낼 때 최상의 제물이 됩니다. 또 과일에는 여섯 가지(자두·은행·밤대추·복숭아·참외)가 있는데, 복숭아가 가장 하등품이므로 선왕의 제사를 지낼 때 상 위에 올려 놓지 않는 것입니다. 저는 일찍이 천한 것으로 귀한 것을 씻는다는 말은 들었지만, 귀한 것으로 천한 것을 씻는다는 말은 듣지 못했습니다. 그런데 지금 오곡 가운데 으뜸이 되는 것으로 하등의 과일을 씻는다면, 이것은 위에 있는 것으로 아래에 있는 것을 씻는 것과 같이 도리에 어긋나는 일이라고 생각하였습니다. 그래서 복숭아를 선조의 제사상에 으뜸가는 제물이 되는 기장보다 먼저 먹으려 하지 않았던 것입니다."

예의 중요성을 강조하기 위해서라지만 이 정도면 너무 고지식한 것 인가요? 공자는 평생 문왕과 주공을 흠모하였습니다. 문왕(文王)은 주지육림에 파묻혀 백성들을 도탄에 빠뜨린 은나라 주왕(紂王)을 물리치고 주나라를 세운 인물이고, 주공(周公)은 문왕의 아들로서 형인 무왕(武王)을 도와 예를 중심으로 한 문물 제도를 완성하였고, 공자가 이어받아 다듬은 이 제도는 이후 유교 문화권의 삶의 지표가 되었습니다. 기록에 따르면 문왕은 창포절임을 즐겨 먹었다고 합니다. 문왕을 존경하던 공자는 먹는 것에서도 문왕을 본받으려고 창포 절임을 먹기로 하였습니다. 먹자마자 콧잔등이 쪼그라질 정도의 괴로움에 공자는 이맛살을 찌푸렸다고 합니다. 그러기를 3년, 마침내 자신의 입맛을 맞추었다고 합니다.

예를 실천하기 위한 공자의 노력이 눈물겨울 정도가 아닌가요? 이처럼 지나칠 정도로 예를 강조하다가 머쓱한 상황을 겪은 적도 있습니다. 앞에서 언급했듯 노나라를 떠나 주유열국하던 공자와 제자들이 어느 국경에서 권력자의 군사들에게 포위되어 식량이 떨어져 굶주리고 일행 중 병마에 시달리는 등 위기에 빠진 적이 있었습니다. 다들 힘없이 누워 있을 때, 공자가 가장 아끼던 제자인 안회가 어렵게 쌀을 구하고 솥에 불을 붙여 밥이 거의 익을 때쯤이었습니다. 공자가 언뜻 눈을 돌렸는데 마침 밥을 주먹으로 움켜쥐고 먹고 있는 안회의 모습이 눈에 들어왔습니다. 잠시 후 밥이 다 되었고, 제자는 스승에게 식사를 올리겠다고 말하자 공자는 일어나서 짐짓 모르는 척하며 말했습니다. "방금 전 꿈에 선조를 보았으니 음식을 정결하게 한 뒤 제사를 올려야겠다."

안회가 대답합니다. "안됩니다. 아까 그을음이 솥 안에 떨어졌는데, 그 밥을 버리기가 아까워서 제가 집어먹었습니다."

공자가 탄식하며 말합니다. "믿을 것이 눈인데, 눈을 오히려 믿지 못하겠구나. 믿을 것이 마음인데, 마음이 오히려 믿을 것이 못 되는

구나. 제자들아 명심하거라, 사람을 안다는 것이 참으로 쉽지 않다
는 사실을!"

제자의 솔직함과 스승의 자책이 아름답지 않나요? 그런데 같은
시기에 공자는 출처가 불분명한 음식을 먹지 않겠다는 자신의 신념
을 저버린 사건이 있었습니다. 열흘 가까이 산중에 갇힌 탓에 식량
마저 다 떨어졌고, 굶주림에 지친 제자 가운데 하나가 훔쳐왔음직한
돼지고기를 삶아 주자 그때까지 제자들의 불평에도 아랑곳하지 않
고 유유자적하던 공자는 어떻게 구했는지 묻지도 않고 먹었으며, 남
의 옷을 빼앗아 술을 사다 주자 공자는 술이 어디서 났는지도 묻지
않고 마셨다고 합니다. 이 얼마나 모순된 행동인가요? 굶는 데 장사
없다는 속담이 생각나네요. 후일 임금이 공자를 맞아들일 적에 공자
는 자리가 단정하지 않다고 앉지 않았고, 고기가 바르게 썰리지 않
았다고 먹지도 않았다고 합니다. 이 모습을 본 제자가 과거 행동과
모순됨을 지적하자 공자는 "오너라. 내 너에게 말해 주겠다. 그때는
너와 구차하게 살아남는 것이 급선무였지만, 지금은 너와 의로움을
행할 따름이다."라고 대답하였습니다. 이 일화 때문에 후일 공자는
굶주리면 남을 속여서라도 빼앗아 목숨을 연명하고, 배부를 때는 거
짓된 행동으로 자신을 포장하는 위선자라는 공격을 받기도 하였습
니다. 그런가요? 공자에게 있어서도 생존본능이 예의범절을 앞서는
것을 볼 수 있네요. 어떻게 해석하든 이런 한두 가지 일화가 공자의

인격과 업적에 장애가 되는 것은 아니겠지요.

선비의 식탁

공자는 배부르고 편안한 삶을 추구하지 말라 하였고, 아름다운 음악에 심취하여 몇 달간 고기 맛을 잊은 적도 있었습니다. 식사하다가 혹시라도 상복 입은 사람을 보면 배부르도록 먹지 않음으로써 상대방에 대한 연민의 정을 표하였습니다.

공자가 제자들에게 말합니다. "거친 밥에 물 마시고 팔을 굽혀 베개로 삼으니 즐거움은 그곳에 있느니. 옳지 못한 부귀영화는 나에게는 뜬구름과 같은 것이니라."

공자의 이 가르침은 선비 정신으로 면면히 이어졌습니다. 우리 선비들은 금이나 옥으로 만든 화려한 그릇보다 정갈한 질그릇에 담긴 소박한 밥상을 즐겼고, 죽 한 사발, 밥 한 그릇도 쉬이 얻어지는 것이 아니라 천지의 조화로움과 농부의 피땀이 어우러진 결실임을 자각하고 감사하고 겸허한 마음으로 상을 받았습니다. 그리고 부귀영화와 의로움이 부딪치면 부귀영화를 초개와 같이 여기고 의로움을 위해 목숨까지 바치고자 했습니다.

여러분은 왜 먹습니까? 무엇을 위해 삽니까?

덜고 비워서 채우는
아름다운 식사,
그리고 인생

도교의 단식과 생식

최수빈

서강대학교 종교학과 강사

도교의 단식법, 벽곡

여러분은 혹시 단식(斷食)을 해 본 경험이 있습니까? 사실 단식은 쉬운 일이 아닙니다. 보통 사람들은 하루는커녕 한두 끼만 먹지 않아도 허기가 지고 기운이 없어 활동하기에 힘든 법이지요. 그런데 고대로부터 여러 종교 전통에서는 중요한 수행 방법의 하나로서 단식을 실천했습니다. 인도 전통에서도 단식은 매우 중요한 수행법의 하나이고 중국에서도 그렇습니다. 특별히 도교에서는 단식을 '벽곡(辟穀)'이라고 부릅니다. 벽곡은 도교에서 도를 닦는 수행자들이 즐겨 행하던 핵심적인 수행법이지요.

벽곡은 본래 일상적인 음식, 그 가운데에서도 오곡(五穀)을 먹지 않는 식이요법이라고 할 수 있습니다. 농경이 시작된 이후, 인류의 주식은 곡물입니다. 그런데 고대 중국인들은 생명 유지를 위해 필수불가결한 곡물의 섭취를 금함으로써 오히려 장생(長生)을 실현할 수 있다는 생각을 했습니다. 감식(減食)이나 절식(絶食)이 아니라, 곡식의

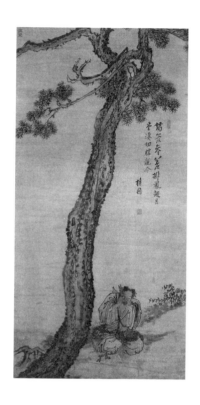

김홍도 作 송하취생(松下吹笙).
소나무 아래서 피리를 부는
신선의 소탈한 모습.

섭취를 아예 금하는 벽곡과 같은 양생술은 다른 문화권에서는 찾아볼 수 없을 것입니다.

중국 고대 문헌에 근거해 보면 대략 전국시대 말경에 이미 벽곡과 같은 종류의 수행법이 존재했던 것으로 보입니다. 예를 들어 『장자(莊子)』에 보면 "오곡을 먹지 않고 바람과 이슬을 마시며 구름 기운을 타고 나는 용을 거느리느니…."라는 구절이 나옵니다. 대략 후한(後

漢) 시대 이후부터는 벽곡이 도교 전통의 중요한 수련법의 하나로 자리 잡게 되었던 것으로 보입니다.

벽곡법의 실천 방법은 문헌에 따라 조금씩 다르게 나타납니다만, 대체로 벽곡법 안에는 크게 단곡(斷穀), 단식(斷食), 악고(握固)의 세 단계가 있습니다. 단곡은 일정 기간 동안 곡식을 전혀 먹지 않고 과일이나 채소, 광물 등을 조금씩만 먹는 것입니다. 그리고 단식은 아무 음식도 먹지 않고 아침저녁으로 물 한 잔만 마시는 것입니다. 마지막으로 악고는 결가부좌 자세로 앉아 일절 아무것도 먹거나 마시지 않는 것입니다.

벽곡법은 수행자의 체력이나 체질, 수행의 정도에 따라 차이를 두고 시행합니다. 벽곡의 목적은 일정 기간 곡식이나 육식 등 일반식을 금함으로써 인체 내의 노폐물을 제거하고 잘못된 신체 리듬을 개선하여 정신과 육체를 정화하고 활기차게 만드는 데 있습니다. 또한 벽곡은 호흡법과 더불어 질병 치료에 탁월한 효과가 있는 것으로 여겨졌습니다.

곡식을 금한 이유에 대해 『황정내경경(黃庭內景經)』과 같은 도교 문헌에서는, 오곡(五穀)은 토지의 음탁(陰濁)한 기운을 받아 자란 것이고 이것이 오미(五味)와 더불어 인간의 신명(神明), 곧 인간의 맑은 정신과 기운을 부패하게 하여 결국 득도(得道)하기 힘들게 만들기 때문이라고 합니다. 또한 장생을 위해서는 장 속을 깨끗이 해야 하고 불사

(不死)하기 위해서는 장 속에 찌꺼기가 없어야 한다고 말하는 경전도 있습니다. 도교에서 벽곡은 특히 높은 경지의 신선(神仙)이 되기 위해서는 반드시 실천해야 하는 중요한 수련법으로 인식되었던 것으로 보입니다.

벽곡을 실천해야 하는 이유를 아주 재미있게 설명하는 이야기가 있습니다. 그것은 삼시충(三尸蟲)이나 곡충(穀蟲)과 관련됩니다. 『포박자(抱朴子)』와 같은 도교 문헌에 따르면 삼시는 사람 몸 안에 살면서 그 사람의 행위를 감시하다가 정기적으로 천상에 올라가 인간의 수명을 담당하는 사명신(司命神)에게 일일이 보고한다고 합니다. 그리고 삼시의 보고를 받은 사명신은 악행을 한 만큼 정해진 수명에서 그 수를 감한다고 합니다. 삼시는 인간이 살아 있는 한 그 몸 안에 갇혀 지내야 하는 의무가 있기 때문에 가능한 한 악행을 많이 보고하여 수명을 단축시키길 원한다고 합니다. 따라서 삼시가 신체를 빠져나가 천상에 올라 보고한다고 하는 경신일(庚申日) 밤에는 잠도 자지 않고 삼시가 하늘에 올라가지 못하도록 지키는 풍습이 생겨났습니다. 곡식에 붙어 산다고 하는 곡충도 삼시와 마찬가지로 인간의 수명을 감소시키는 작용을 한다고 합니다. 같은 역할을 하기 때문에 흔히 이들 둘을 같은 것으로 설명하기도 하지요. 그런데 삼시나 곡충이 발생하는 원인이 바로 곡식이라고 합니다. 곡충이나 삼시는 곡식에 의해 발생하며 곡식에 붙어 살면서 인간의 오장육부를 파괴하

단식과 소식의 식이요법은 욕망 과잉으로 비대해진 우리의 삶을
가볍고 단출하고 자유롭게 하라는 메시지입니다.

고 혼백의 활동을 방해한다는 것입니다. 따라서 벽곡을 통해 삼시나
곡충이 제대로 활동하지 못하도록 하는 것이지요.

벽곡을 한다고 해서 아무것도 먹지 않고 계속 지낼 수는 없습니
다. 그렇다면 곡식 대신 무엇을 먹었을까요? 『신선전(神仙傳)』에 보면
여러 신선들이 곡물을 먹지 않고 소나무 열매나 풀, 꽃 등을 먹었다
고 합니다. 또한 곡물 대신 먹는 것으로는 광석류(鑛石類)도 있습니
다. 이러한 광물질이나 약초 등으로 만든 것을 단약(丹藥)이라고도
하는데 이러한 단약을 복용하게 되면 곡식을 먹지 않아도 배고프지

않게 된다고 합니다. 아마도 도교인들이 곡식을 먹지 않게 된 것은 의도적이라기보다는 경작이 어려운 깊은 산속이나 인적이 없는 들판에서 주로 수행을 하기 때문에 먹거리를 구하기 어려웠고 따라서 불가피하게 곡물을 먹지 않고도 건강을 유지하는 방법을 찾게 된 것이 아닌가 생각되기도 합니다.

이제 벽곡을 하는 도교 수행자나 선인(仙人)들이 곡식 대신 무엇을, 어떻게 먹었는지 구체적으로 알아볼까요?

도교의 소식과 생식

전통적으로 선인들이 했던 식이요법은 크게 목이법(木餌法)과 목식법(木食法)으로 나눌 수 있습니다. 목이법은 가장 높은 단계의 식이요법으로서 나무나 풀의 싹, 꽃봉오리, 잘 익은 나무 열매 등을 먹는 방법입니다. 그리고 목식법은 목이법보다 낮은 단계의 식이요법으로서 본목식(本木食)과 반목식(半木食)으로 나뉩니다. 본목식은 나무 열매를 중심으로 꽃·잎·뿌리 등을 그대로 먹는 순수 생식의 방법이고, 반목식은 본목식과 달리 생식 재료에다 메밀가루나 참마와 같은 것을 첨가해서 먹는 식이법입니다. 이 외에도 식이요법은 아니지만 '약석(藥石)', 즉 광석류를 섭취하는 경우도 있습니다. 앞에서도 언급한 『포박자』라는 책에 보면 불사(不死)의 약으로서 비소나 수은, 납 등의 광물질을 주재료로 하는 단사(丹砂)의 제조법과 복용법이 등장하기도 합니다.

도를 닦기 위해 인적이 없는 깊은 산속이나 들판에서 주로 생활하던 선인들은 대체로 이른바 산야초(山野草)나 특별한 열매를 먹었던 것으로 보입니다. 이들이 먹던 산야초로는 명아주, 호이초(虎耳草), 쇠비름나물, 별꽃, 질경이, 미나리, 복령(茯笭) 등이 있습니다. 그리고 이들이 먹던 열매로는 호두, 솔방울이나 솔잎, 요과(腰果), 건포도, 붉은 대추 등이 있습니다. 이러한 열매들을 섭취할 때는 주로 생식(生食), 즉 불에 익히지 않고 날것 그대로 먹었던 것으로 보입니다. 그리고 이와 더불어 마시는 음료로서 신선차(神仙茶)나 선인주(仙人酒) 등이 있습니다. 물론 선인주는 술이 아니라 우유로 만든 발효 음료입니다. 왜 선인주라고 하는지는 알 수 없습니다. 발효의 결과물을 술이라고 한다면 술일 수도 있겠지요. 선인주란 요즘 말하는 요구르트가 아닌가 생각됩니다. 고대인들은 요구르트를 불로장수의 술로 생각했던 것으로 보입니다.

선인들이 먹던 음식 중에 영지(靈芝)라는 것이 있습니다. 여기에서 영지는 우리가 흔히 말하는 영지버섯이 아닙니다. 영지는 여러 가지 영험한 먹거리를 총괄해서 지칭하는 단어입니다. 영지류는 크게 나누어 석지(石芝)·목지(木芝)·초지(草芝)·육지(肉芝)·균지(菌芝) 다섯 종류가 있는데 이들은 다시 각각 100가지 이상의 종류로 분류됩니다. 영지 안에는 식물뿐 아니라 육지(肉芝)가 있습니다. 육지로는 만년 묵은 두꺼비나 천년을 산 박쥐, 거북이 등이 있지요. 고대 도교에서는 영험이 있는 동물이나 식물은 모두 영지의 일종이라고 생각했던 것 같습니다.

생식 재료 가운데서도 소나무의 열매(솔방울)나 솔잎은 가장 훌륭한 식재료로 대접받았습니다. 도를 닦는 사람들의 식생활을 가리켜 '송식수음(松食水飮)'이라고 하는데, 소나무 열매·솔잎·소나무 가지를 먹고 물을 마시며 생활한다는 의미입니다. 『열선전(列仙傳)』과 같은 고대 문헌에 보면 평생 송식수음만을 하고 일절 다른 것은 먹거나 마시지 않은 선인이 등장합니다.

송식(松食)에 대한 재미있는 이야기가 있어 하나 소개해 볼까 합니다. 옛날에 조구(趙瞿)라는 사람이 있었는데 그는 심한 부스럼병, 요즘으로 말하면 한센병(나병)에 걸려 백방으로 치료약을 구하였습니다. 그러나 아무런 효과를 보지 못하고 거의 죽게 되어 결국 산속에 혼자 버려지고 말았습니다. 그러던 어느 날 그는 어떤 선인으로부터 송진과 그 복용법을 전해 받아 백일 정도 복용을 하였더니 깨끗이 나았다고 합니다. 그 이후로도 조구는 오랫동안 송진을 복용하였는데 피곤한 줄을 몰랐으며 170살이 되어도 치아가 건강하고 흰머리도 없었다고 합니다. 이 외에도 솔잎이나 송진, 소나무 가지를 먹고 장생불사하게 되었다거나 놀라운 신체의 위력을 경험했다는 이야기가 많이 전해집니다.

오늘날 한약으로 쓰고 있는 거의 대부분의 식재료들이 도를 닦는 수행자들이 찾아내거나 개발했다는 사실을 여러분들은 아십니까? 우리가 입에 넣어 좋은 것과 나쁜 것을 잘 가릴 수 있게 된 것은 그들의 공이라고도 할 수 있겠지요. 선인들이야말로 자연으로부터 좋은 먹거리를 가장 잘 찾아내는 심마니인지도 모르겠습니다.

위에서 열거한 식재료들에서 알 수 있듯이 선인이나 도사(道士, 도교의 승려)들은 대부분의 경우에 채식을 합니다. 그런데 그들의 증언에 따르면 억지로 하는 것이 아니라 수행이 깊어지면 자연스럽게 채식을 즐기게 되고 식사의 횟수와 양도 매우 적어진다고 합니다. 그들은 소식(小食)을 습관화하거나 별도의 수행법 등으로 신체를 단련해서 기초 대사량을 매우 낮게 조정하였기 때문에 적게 먹어도 신체의 대사나 활동이 원활하게 이루어져 전혀 힘들거나 배고프지 않았다는 것이지요. 식사를 통해 에너지를 얻는 대신에 행기(行氣)와 같은 호흡법이나 도인(導引)과 같은 체조법을 통해 우주의 대기(大氣)로부터 에너지를 보충하기도 합니다.

도교 식이요법의 원리와 의미

지금까지 도교에서 실천하는 식이요법인 벽곡과 생식 등을 간단히 알아보았습니다. 그런데 여러분들은 도교인들이 왜 그렇듯 특이한 식이요법을 중시하고 실천했는지 궁금하지 않으십니까? 도대체 어떻게 먹지 않고도 힘이 난다는 것이며 에너지원인 음식을 거부하는 것이 어째서 정신과 육체의 건강에 더 도움이 된다는 것일까요?

이 문제는 도교의 세계관이나 수행 이론과 밀접한 연관이 있습니다. 여러분들은 '기(氣)'라는 단어를 들어보셨는지요? 현대 사회에서는 흔히 접하기 어려운 단어일 것입니다. 피로회복제 병 뒷면에서 '원기회복(元氣回復)'이라는 표현을 본 정도겠지요. 그런데 '기'는 동아시아 문화에서 매우 중요한 개념입니다. 동아시아의 전통적 우주관에서 '기'는 인간을 비롯하여 우주에 있는 모든 사물들을 구성하는 기본적인 재료로서 정신과 물질 두 영역 모두를 넘나들며 모든 사물 간의 소통을 가능하게 하는 매개적 재료입니다. 또한 기는 모든 생명체가 살아서 활동할 수 있는 바탕이며 힘입니다. 그래서 흔히 기를 'vital energy', 즉 생명 에너지로 번역하지요. 한의학 이론도 바로 기의 순환 이론을 바탕으로 인체를 설명합니다. 일반적으로 도교와 한의학에서는 신체를 기의 순환체로 파악하고 있습니다.

특별히 도교의 명상과 수행법은 기의 순환 원리와 기의 운행 이론을 바탕으로 합니다. 도교의 우주관에서 보면 일반적으로 우주에는 크게 두 가지 종류의 기가 있습니다. 그것은 선천기(先天氣)와 후천기 (後天氣)입니다. 선천기는 우주만물이 형성되기 이전부터 있던, 만물의 근원이 되는 기를 말하는데 이를 원기(元氣)라고도 합니다. 그리고 이러한 선천기에 의해 생겨난 일체의 물질들이 가지고 있는 기를 후천기라고 합니다. 인간도 선천기와 후천기, 두 종류의 기를 모두 다 가지고 있다고 합니다. 왜냐하면 인간을 대우주(macro-cosmos)와 동일한 구조를 가지고 있는 소우주(micro-cosmos)로 이해했기 때문이지요. 사람도 잉태되는 순간 선천기를 받는다고 합니다. 그런데 잉태된 이후로 계속해서 기의 보충이 필요합니다. 즉 후천기가 필요한 것이지요. 후천기는 음식이나 호흡, 일광 등을 통해서 공급되는 기이며 그중에는 맑은 기도 있고 탁한 기도 있습니다. 선천기는 후천기를 받아 화합하면서 생명을 보다 활력 있게 유지할 수 있는 생기(生氣)를 만듭니다. 즉 선천기가 있다 해도 후천기와 결합하지 않으면 생기로서의 작용을 제대로 하지 못하므로 음식물의 섭취나 호흡 등을 통해서 후천기를 공급하는 것이 필요합니다.

그렇다면 왜 후천기를 조달하는 가장 중요한 수단인 식사를 제한하는 것일까요? 도교에서 내단(內丹) 수행법을 개발하고 실천하는 사람들에 따르면 인간이 본래 가지고 태어난 선천기는 계속 보유되는 것이 아니라 인간이 육신의 욕망-곧 식욕이나 성욕-을 채우는 데

도교의 도사나 선인들은 먹거리에 덜 의존하고 자신의 기를 온전하게 보유할 수 있도록
소식이나 단식을 실천하였습니다.

급급하거나 나쁜 생각이나 잡념을 자주 가지게 되면 점차 인체에서 빠져나간다고 합니다. 이렇게 선천기가 빠져나가면 아무리 후천적으로 기를 공급하더라도 메울 길이 없다고 합니다. 따라서 기가 누출되지 않도록 해야만 오래 살고 건강하게 살 수 있다는 것입니다. 특별히 기의 누출을 막기 위해서는 과식하지 않도록 주의해야 한다고 합니다. 과식을 하면 배설물을 지나치게 많이 배출하게 되어 오히려 기의 손실을 가져온다는 것입니다. 따라서 기의 손실을 야기하지 않도록 음식물 섭취에 주의해야 하는 것이지요. 다시 말해 선천기를 잘 보유하기 위해서는 소식을 하거나 반단식(半斷食), 혹은 단식(斷食)을 하는 것이 오히려 효과적이라는 것입니다. 특히 단식은 외

부 환경에 영향 받지 않고 기를 보충하는 좋은 수단이라고 할 수 있습니다. 음식이나 영양분에 전혀 의존하지 않고 대기나 햇빛, 이슬, 공기와 같이 순수한 대상으로부터 기를 흡수할 수 있는 역량을 키우는 방법이기 때문이지요. 따라서 도교의 도사나 선인들은 먹거리에 덜 의존하고 자신의 기를 온전하게 보유할 수 있도록 소식이나 단식을 실천했던 것입니다. 이렇듯 수행을 통해 단식이나 소식법을 잘 익히게 되면 기의 순환이 훨씬 효율적으로 이루어져 정신과 신체가 보다 이상적인 상태에 도달하게 된다는 것입니다.

특수한 식이요법을 실행하는 또 다른 이유도 있습니다. 도교에서 추구하는 것은 득도(得道)입니다. 다시 말해 우주의 길이며 동시에 우주의 일부인 인간이 가야 할 마땅한 길이기도 한 도(道)를 깨닫는 것입니다. 도를 깨닫게 되면 세속적인 욕망이나 편견, 무분별한 가치판단에서 벗어나 자연의 일부로서의 인간의 본성을 회복하고, 나아가 다른 사물들과 더불어 우주의 원리와 리듬에 따라 자유롭게 살 수 있다고 합니다. 이렇게 자연적이고 본래적인 본성을 회복하는 것은 거꾸로 세속적인 가치나 욕망을 줄여 가는 과정이기도 합니다. 우리는 흔히 진수성찬을 즐기며 입에 단 음식을 즐깁니다. 맛있는 음식에 대한 탐닉은 가장 끊기 힘든 욕망이라고 할 수 있지요. 그런데 이러한 욕망은 교육이나 사회화 과정을 통해 더욱 커지게 되고 욕망 과잉의 상태가 되기도 합니다. 예를 들어 갓난아기 때는 햄버거나 콜라, 삼겹살을 먹고 싶어 하지 않지만 커 가면서 그러한 음식을 맛보고 그 맛에 길들여져서 점차 그것들을 선호하고 많이 먹게 됩니다. 성장함에 따라 욕망이 늘어나 결국 욕망 과잉 상태에 이르게 됩니다. 그리고 이러한 욕망 과잉의 상태는 인간을 욕망의 노예가 되게 하며 사람들의 욕망이 충돌하면서 사회에 갈등과 분열이 만연하게 됩니다. 음식에 대한 집착이나 과식은 바로 인간의 욕망 과잉 상태를 단적으로 보여주는 예라고 할 수 있습니다. 따라서 도교인들은 인간의 가장 기본적인 욕구인 식욕과 식사 방식을 적절하게 조절하는 것에서 출발하여 점차 세속적인 욕망으로부터 자유로워지기를 바랐던 것입니다. 자유로운 삶은 절제와 자기 조절에서 출발하는 것이기 때문이지요. 벽곡이나 소식은 도교인들이 평화롭고 자유로운 삶을 누리기 위한 가장 기본적인 연습 과정인 셈입니다.

현대인들에게 주는 단식과 소식의 의미

다음으로, 도교의 식이요법이 갖는 현대적 의미를 새겨 볼까요? 자연의 세계에서 거의 대부분의 생물들은 현재 자신이 필요한 만큼만 먹고 소비합니다. 아마도 과잉과 잉여 상태를 만드는 생물은 인간뿐일 것입니다. 그리고 자신이 만든 물질 과잉 상태 때문에 거꾸로 괴로워하는 것도 인간뿐일 것입니다. 특히 현대사회에서는 부족해서 생기는 불편보다는 과잉으로 인한 병폐가 더 많습니다. 언제부터인가 한국의 골목길은 고깃집과 횟집, 중국 음식점, 햄버거 가게로 넘쳐나고 그 음식점에서 쏟아져 나오는 엄청난 양의 음식물 쓰레기로 몸살을 앓고 있습니다. 오늘날 식사는 인간이 활동하고 건강을 유지하는 수단이 아니라 주체할 수 없는 욕망의 표출구이자 욕망을 재생산하고 욕망 충족의 의지를 다지는 욕망의 배양지처럼 보이기도 합니다.

욕망 그 자체는 삶의 원동력이자 삶을 유지하는 힘이지만 그것에 도취되거나 압도당할 때, 우리는 더 이상 욕망의 주체가 되지 못하고 거꾸로 욕망이 우리의 주인이 되고 맙니다. 그렇게 되면 우리는 더 이상 우리 자신의 삶을 주체적으로 살아가기 힘들어집니다. 우리 삶이 욕망에 끌려다니게 되는 것이지요.

단식과 절식은 욕망의 자기 통제를 위한 가장 기본적이고 전통적인 훈련 방식일 것입니다. 가장 견디기 힘든 식욕을 통제하는 수행은 우리 안에서 일어나는 다양한 욕망을 과하지 않게 조절하는 힘을 기르는 좋은 방법입니다. 이렇게 욕망의 자기 통제 연습을 통해 삶을 보다 자유롭고 주체적으로 살아갈 수 있도록 하는 유용한 방법 중의 하나가 바로 단식이나 절식입니다.

우리의 식탁과 먹거리를 돌아봅시다. 산해진미가 그들먹하게 차려진 기름진 밥상이 여러분이 원하는 최상의 밥상은 아니던가요? 그렇게 잘 차려진 밥상을 만끽하고도 여전히 더 좋은 밥상, 더 좋은 요리를 갈망하지는 않는지요? 좀 더 다양한 식재료와 요리법, 그리고 좀 더 풍성한 식탁을 추구하는 우리의 음식 문화가 과연 올바른 것일까요? 극도로 맛있는 음식에 길들여진 우리의 미각을 이대로 키워 나가도 될까요?

거의 매일 엄청난 양의 고칼로리 음식을 먹고는 비만이 될까 걱정되어 돈까지 내 가며 칼로리 소비를 위해 운동에 매진하는 진풍경은 이제 우리들 삶에서 자연스러운 풍경이 되고 있습니다. S라인 몸매와 초콜릿 복근이 숭배되는 외모 지상주의적 문화는 극심한 다이어트와 혹독한 운동으로 우리의 몸을 혹사시키고 심지어 목숨을 위협하기도 합니다.

현재 지구상에는 두 가지 형태의 기이한 단식 현상이 나타나는 것을 봅니다. 극빈자들의 불가피한 단식과 반대로 날씬한 몸을 위한 거식증(拒食症)적 단식이 그것입니다. 이러한 양극단적 단식 현상 앞에서 우리는 더 이상 놀라지도 않습니다. 이러한 두 가지 단식의 양태는 결국 탐욕이라는 하나의 근원에서 유래한 것이라고 생각합니다. 제국적 팽창을 꿈꾸는 자본주의적 탐욕과 무한 독재정권을 실현하려는 정치적 지배욕이 극단적인 부의 불균형을 초래하여 한쪽에서는 배고파 굶어 죽고 한쪽에서는 오히려 먹은 것을 토해내는 웃지 못할 현상을 만들어 낸 것이지요. 더욱 씁쓸한 것은 우리 자신도 역시 이러한 탐욕적 메커니즘에 길들여져 가고 있다는 것입니다.

여러분의 욕망은 지금 건강한가요? 여러분은 지금 욕망을 자유롭고 주체적으로 통제하고 있나요? 여러분의 삶은 욕망으로 너무 비대해서 추하지는 않은지요? 단식과 소식의 식이요법은 바로 욕망 과잉으로 비대해진 우리의 삶을 가볍고 단출하고 자유롭게 하라는 메시지라고 생각합니다. 우리 삶을 아름답게 가꾸기 위해 욕망으로 비대해진 우리 마음의 다이어트가 절실히 필요함을 일깨워 주는 좋은 교본이라고 생각합니다.

오늘 식탁 앞에 조용히 앉아 기도하는 마음으로 먹거리와 삶을 되돌아봅니다. 채워도 채워지지 않을 때는 오히려 비워야 채워진다는 인생의 역설적인 진리 앞에 오늘도 머리 숙여 반성해 봅니다. 비대해진 나의 몸과 마음에, 그래서 아름답지 못한 나의 삶에 단식과 소식을 선물할 것을 결심해 봅니다.

사람에게서
나오는 것이
사람을 더럽힙니다

먹거리에 대한 성서의 가르침

박태식

성공회 장애인센터 '함께사는세상' 원장

무엇을 먹을까?

광우병 논란이 요란했던 적이 있습니다. 게다가 그 논란이 식지도 않았는데 서둘러 미국과 소고기 수입 협정을 맺는 바람에 국민적 저항 운동이 전개되고 급기야 광화문에 컨테이너 장벽을 쌓았던 역사까지 있습니다. 아직 확실한 광우병의 원인이 밝혀진 것은 아니지만 보다 나은 발육을 촉진하기 위해 먹인 동물성 사료가 원인일지 모른다는 가능성이 제기되고 있습니다. 소는 원래 초식동물인데 고기로 만든 먹이, 그것도 동족의 살과 뼈를 갈아 만든 사료를 먹였으니 뒤탈이 없을 리 있겠느냐는 뜻입니다. 자연법칙을 정면으로 거스른 까닭입니다.

흔히 20세기가 낳은 최악의 질병으로 에이즈가 거론됩니다. 그러나 에이즈에는 성적으로 문란한 사람들에게서 일차적으로 발생하는 병이라는, 다분히 윤리적인 선입견이 붙어 다닙니다. 적어도 돌을 던질 데는 있는 셈이지요. 그러나 음식물로 생기는 병은 다릅니

다. 아무리 도덕군자라 한들 고기 몇 점 잘못 먹으면 얼마든지 걸릴 수 있습니다. 두려움의 원인은 바로 거기에 있습니다.

요즘 언론 보도에 이틀이 멀다 않고 나오는 소식이 있습니다. 돈에 눈이 먼 자들이 음식물로 장난을 치는 바람에 온 국민의 건강이 위험에 처했다는 뉴스가 그것입니다. 그러니 식당에 가도 이것이 과연 양잿물에 표백된 식재료로 만든 건 아닌지, 방사능에 오염된 일본에서 건너온 낙지로 조리한 연포탕은 아닌지 의심할 수밖에 없는 노릇입니다. 하지만 어색한 분위기를 깨뜨리며 숟가락을 드는 용감한 친구가 언제나 있기 마련입니다. 그러면서 하는 말은 늘 같습니다. "우리나라에서 뭐는 안심하고 먹을 수 있겠어? 죽기 아니면 살기지!"

자연법칙에 따라

예수 탄생 이전 이스라엘의 역사를 담고 있는 구약성서에 이른바 '음식 규정' 이라는 것이 나옵니다. 레위기 11장입니다. 거기에는 사람이 먹어서 안 되는 부정不淨한 짐승들이 열거되는데, 우선 네 발 짐승 가운데 발굽이 갈라지지 않고 되새김질하지 않는 짐승은 먹을 수 없다고 합니다. 따라서 발굽이 갈라지고 되새김질하는 소, 염소, 양은 먹을 수 있습니다. 하지만 낙타와 토끼는 되새김질은 하지만 굽이 갈라져 있지 않으니 먹을 수 없고, 돼지는 비록 굽은 갈라졌지만 되새김질을 하지 않으니 먹을 수 없습니다. 서민들의 다정한 친구인 삼겹살 구이는 이스라엘에는 당연히 없는 겁니다.

그런가 하면 바다든 강이든, 물에 사는 짐승들 중에 지느러미와 비늘이 없는 것으로 조리한 것을 부정한 음식물로 치부합니다. 스스로 꿈틀거리면서 초고추장을 묻히고, 목구멍을 넘어가면서도 묘한 여운을 남기는 산낙지 요리를 유대인의 식탁에서 절대로 만나지 못한다는 뜻입니다. 사정이 그 정도니 혹시라도 일수(日數) 사나운 낙지나 오징어가 유대인 어부의 그물에 걸렸더라도 목숨을 부지할 수 있을 테지요. 또한 유대인들은 짐승의 피도 먹지 않습니다. "피에는 모든 생물의 생명이 들어 있다."(레위기 18장 7절)고 간주해 짐승의 살 중에서도 피는 샅샅이 뺀 살코기만 요리를 합니다. '콩나물 듬뿍 넣고 끓인 다음 고춧가루를 양껏 뿌려서 선지국 한 그릇 비우면 해장엔 그만인데.' 라는 생각을 하시는 분이 계시다면 이스라엘 식당에 안 가시는 게 바람직합니다.

사실 이렇게 늘어놓으면 무엇인가 원리를 찾아 가며 건강식을 드시려는 분들에게 혼란만 가중시킬지 모릅니다. 구약성서에서는 두서없이 부정(不淨)한 음식물만 열거했다는 인상을 주기 때문입니다. 그래서 이제 조금 심각한 이야기를 해 보겠습니다. 구약성서에는 비단 부정한 음식뿐 아니라 요리 방법에도 눈에 띄는 규정들이 있습니다. 출애굽기 23장 19절에는 다음과 같은 구절이 나옵니다. "또 새끼 염소를 그 어미의 젖에 삶아서는 안 된다." 유대인들은 전통적으로 고기를 삶아서 먹습니다. 그러나 물이 귀한 탓에 종종 짐승 젖에 삶기도 하는데 새끼 염소를 삶을 때 절대로 그 새끼가 먹고 자란 엄마 젖으로 삶지 말라는 규정입니다. 그런가 하면 레위기 23장 3절에는 도살을 할 때 "소나 양을 그 새끼와 같은 날 잡지 말라."고도 합니다. 두 가지 규정 모두 새끼와 어미 사이의 정(情)을 모질게 대하지 말라는 뜻이겠지요.

유대인들의 주식은 예나 지금이나 빵입니다. 성서 시대에 빵을 굽

지거 쾨더,
제자들의 발을 씻겨 주시는 예수.
유화

는 화덕은 마치 에스키모의 이글루처럼 반구형의 공간 안에 배치되어 있었고, 공간의 내벽에는 소금을 두껍게 발랐습니다. 이는 화덕에서 나오는 복사열을 이용하려는 것으로 한 삼 년쯤 지나면 소금을 훑어낸 후 새 소금을 발라 줍니다. 이때 훑어낸 소금의 맛을 보면 짠맛이 전혀 느껴지지 않는다고 합니다. 예수님이 "만일 소금이 짠맛을 잃으면 무엇으로 다시 짜게 만들겠느냐? 그런 소금은 아무짝에도 쓸 데 없어 밖에 내버려 사람들에게 짓밟힐 따름이다." (마태복음 5장 13절)라는 말씀을 한 적이 있는데, 여기서 '짠맛을 잃은 소금' 이란 상징이 아니라 실생활을 반영합니다.

빵을 굽는 주 연료로 말똥·소똥·개똥이 쓰였으며, 이들은 건조한 사막 기후에서 완벽하게 마르는 바람에 양질의 화력을 냈습니다. 사실 우리나라에서도 소똥을 연료로 쓰는 경우가 있긴 하지만 그리 보편적이지 않습니다. 대기 중에 습기가 많아서 완전 건조가 되지 않기 때문이라고 합니다. 그런데 이스라엘에서는 만일 빵을 인분(人糞)으로 구우면 부정한 음식물이 되고, 누군가에게 지독한 벌을 내릴 때면 인분으로 구운 빵을 먹였습니다(에제키엘서 4장 10-15절).

앞에서 살펴본 대로 구약성서의 음식 규정을 통해 어딘지 꺼림칙한 구석이 있는 음식물을 멀리 한다는 사실을 알 수 있습니다. 특히, 어미젖에 끓인 새끼 고기라든가, 같은 날 함께 잡은 어미와 새끼 고기, 그리고 인분 구이 빵 등은 반드시 피해야 할 음식이었습니다. 바로 가족과 관련되거나 동족의 희생을 담은 음식물이기 때문입니다. 만일 광우병의 원인이 동물성 사료라면 구약성서의 교훈을 어긴 대가임이 분명합니다.

감사함으로

성서에 나오는 유대인들의 식사 예법을 살펴보면 음식물에 대해 또한 가지 중요한 암시를 얻을 수 있습니다. 여러 사람이 모여 만찬(晚餐)을 나눌 때 정해진 순서가 있습니다. 우선 식전에 한 움큼의 물로 손을 씻습니다. 그리고 전식으로 포도주나 물이 담긴 첫 잔을 돌리고 '찬양의 말'을 합니다. 만찬 주례는 그 집의 주인이 하니까 찬양의 말도 집주인의 몫입니다. 중식으로 주례는 빵을 들어 찬양의 말을 한 다음 둘러앉은 이들에게 손으로 떼어 나누어 줍니다. 찬양의 말은 다음과 같습니다. "주님이신 우리들의 하나님, 당신을 찬양합니다. 세상의 왕이신 분, 당신은 땅에서 빵을 내셨습니다."(『바빌론 탈무드』 브라콧 35a) 빵을 나눌 때 주의할 점은 절대로 도구를 사용하지 말아야 한다는 것입니다. 하느님이 내신 귀한 음식물이라 반드시 정성스레 손으로 떼어야 합니다.

다음은 후식이 이어집니다. 후식으로는 포도주를 한 잔 그득 담아 돌려가며 마십니다. 이때는 손님 중의 한 명이 일어나 잔을 들어 찬양의 말을 하는 까닭에 일명 '찬양의 잔'이라는 별명이 붙어 있습니다. 이로써 만찬은 끝이 납니다. 절기에 따른 만찬 때는 그 과정이 훨씬 복잡해집니다. 과월절 만찬만 해도 일곱 단계로 나누어지며 각 단계마다 주례가 이 음식물을 먹게 된 유래를 젊은 세대에게 설명합니다. 출애굽 사건을 통해 이스라엘을 고통의 세월에서 구해 내신 하느님의 놀라운 역사를 길이길이 후대에 남기려는 의도입니다.

공동 식사의 전체 과정을 주의 깊게 들여다보면 무엇이든 음식물을 들기 전에 반드시 찬양의 말을 한다는 사실을 알 수 있습니다. 음식물을 내주신 하느님께 입으로 드리는 감사의 행위입니다. 그래서 만찬뿐 아니라 보통 음식물, 심지어 음료수를 마실 때 하는 기도도 따로 정해져 있습니다. 예를 들어, 어떤 이가 나무 열매를 먹을 때면 다음과 같은 기도를 바칩니다. "나무 열매를 창조하신 세상의 왕, 주시여! 찬양을 받으실지어다."라고 하고, 골무에 담은 것보다 좀 더 많은 양의 포도주를 마실 때는 "포도 열매를 창조하신 세상의 왕, 주시여! 찬양을 받으실지어다."라고 합니다. 빵이나 땅의 열매(곡식)를 먹을 때는 커다란 올리브 열매를 먹을 때보다 더 큰 소리를 내어 "땅의 열매를 창조하신, 빵을 만들어 내게 하신 세상의 왕, 주시여! 찬양을 받으실지어다."라고 찬양해야 합니다(『미슈나』, 브라콧 4,1). 사실 유대인들은 매사에 하느님께 감사를 드렸습니다. 식사 때는 물론이고, 회당 예배 때('셔마 이스라엘', 18조 기도문), 이사할 때, 새 집을 지을 때, 안식일이 끝날 때에 바치는 기도 등이 각각 정해져 있습니다.

유대인들은 음식물을 결코 배고픔을 달래 주거나 영양을 보충하는 수단으로만 여기지 않습니다. 그들은 빵 한 조각, 포도주 한 잔에서도 하느님의 섬세한 돌보심을 깨달으려 노력했습니다. 날아가는 새 한 마리나 들에 핀 꽃 한 송이나 길에 차이는 잔돌 하나에서도 하느님의 섭리를 읽어 냈던 예수님이 연상되는 대목입니다(마태오복음 7장 25-34절; 루가복음 19장 38절).

더럽혀진 음식, 더럽혀진 몸

예수님 이야기를 좀 더 해 보겠습니다. 예수님이 죄인들과 어울렸다는 사실은 그리스도인이라면 누구나 알 겁니다. 하지만 죄인들과 어울림이 구체적으로 어떤 의미였는지 정의내리기는 쉽지 않습니다. 죄인처럼 살았다거나, 죄인을 위해 한평생 바쳤다거나, 죄인을 차별하지 않았다는 식으로 간단히 치부하기엔 예수님의 포용력과 확신이 끝 간 데를 모를 만큼 크고 깊기 때문입니다.

죄인과 관련된 본문으로 "인자(人子,예수)가 와서 먹고 마시니까 '보아라, 먹보요 술꾼이며 세리와 죄인들의 친구로다.' 하고 여러분은 말합니다."(루가복음 7장 34절)가 있습니다. 이는 예수님이 직접 들은 자신에 대한 주변의 평가를 입에 올린 것으로, 상당한 역사적 신빙성을 가지는 내용입니다. 틀림없이 이런 식으로 비하하는 별명들은 예수님의 적대자들이 붙였을 텐데, 적수들의 눈매가 오히려 매서운 법입니다. 이제 그 별명들을 얻기까지 과연 무슨 일이 있었는지 살펴보겠습니다.

어느 날인가 예수님이 사람들과 어울려 식사를 하고 있었습니다. 그때 꼿꼿한 삶을 살기로 유명한 바리새인과 율사들이 시비를 걸었습니다. "저 사람은 어째서 세리들과 죄인들과 함께 음식을 먹는 것이오?"(마르코복음 2장 16절) 마침 예수님이 먹보에 술꾼이자 세리와 죄

예수의 최후만찬을 본뜬 '성찬례'

인의 친구로서 자신의 모습을 유감없이 보여주었던 모양입니다. 그
들의 관심을 언뜻 살펴보면 의인인 예수님이 죄인들과 한자리에 앉
아 식사하는 모습을 책망한 것 같습니다.

그러나 실상은 그렇지 않습니다! 오늘날에도 유대인 가정에서 이
방인을 초대해 한상에 둘러앉아 식사를 함께하는 일이 비일비재합
니다. 문제는 어느 집에서 먹는가에 있습니다. 앞에 거론한 율법의
음식 규정에 보면 먹을 수 있는 음식과 그럴 수 없는 음식이 분명하
게 구별됩니다. 하지만 이는 어디까지나 먹을 것 못 먹을 것 가릴 여
유가 있는 사람들의 경우고 흔히 죄인들로 분류되었던 하층민들이

나 주변부 사람들은 이것저것 따질 처지가 아니었습니다. 산 입에 거미줄 치지 않으려면 부정한 고기라도 먹을 수밖에요.

예수님이 식사를 하신 곳은 죄인의 집이었습니다. 그리고 종교 지도자들은 그 집에서 예수님에게 대접한 음식이 혹시 부정하지 않은지 의심스러운 눈으로 쳐다보았을 테고, 예수님이 어떤 망설임도 없이 수상쩍은 고기 한 점을 들고 덥석 베어 물자 기다렸다는 듯이 시비를 걸었습니다.

이스라엘에서 유학한 동료의 말을 들어 보니 요즘도 상황이 크게 바뀌지 않은 모양입니다. 같은 과의 이스라엘 학생들과 소풍이라도 갈라치면 한국인 유학생들이 정성스레 준비한 김밥은 손도 대지 않고 한국인의 접시에 음식물을 담기도 거북해하고 그저 일회용 컵만 사용한답니다. 아마 김밥 속 소시지의 성분을 못 미더워하고 한국 사람이 준비한 접시에 어젯밤 어떤 음식이 놓였을지 몰라 꺼리는 것 같다고 합니다.

음식물에 대한 예수님의 분명한 입장은 마르코복음 7장 15절에 나옵니다. "사람 밖에서 사람 안으로 들어가 그를 더럽힐 수 있는 것이란 없습니다. 도리어 사람에게서 나오는 것이 사람을 더럽힙니다." 무엇을 먹는가는 중요하지 않고 먹고 나서 하는 행동이 문제입니다. 좋은 음식 먹고 나서 한다는 짓이 고작 패를 갈라 없는 사람 괴롭히고, 위장 전입에, 부동산 투기에, 뇌물 공여에, 자식 군대 안 보내기라면 아무리 자연식을 하고, 아무리 저칼로리로 골라 가며 먹고, 아무리 수준 높은 유기농작물을 섭취하고, 아무리 감사의 말을 연발한들 그 몸에서 나오는 것은 더러울 수밖에 없습니다.

어떻게 살 것인가?

성서에는 음식물과 관련된 이야기가 헤아릴 수 없게 많이 나옵니다. 성서가 원래 인류 역사와 함께 한 고전이고 보면 당연한 이치입니다. 하지만 정작 요즘 불어대는 건강식 열풍과 관련해 유익한 정보를 얻기는 어렵습니다. 성서가 씌어졌던 때만 해도 무엇을 먹을까보다 굶어 죽느냐 살아 남느냐가 최고의 관심사였기에 그리 되었을 것입니다. 그래도 성서 구석구석을 헤집고 다녀 보면 길이 보이기도 합니다. 가능한 한 부정한 음식물을 피하고, 언제나 감사의 마음을 잃지 말라는 것입니다. 그러나 보다 중요한 것은 음식물로 생명을 이어 나가는 인간의 삶이라고 말합니다. 다시 말해, 먹는 게 문제가 아니라 사는 게 문제라는 겁니다. 음식물에 관해 알려 주신 예수님의 투명한 가르침입니다.

앞에서 "우리나라에서 뭐는 안심하고 먹을 수 있겠어. 죽기 아니면 살기지!"라고 외치며 용감하게 수저를 드는 친구도 말은 그렇게 하지만 사실 속으로는 꺼림칙할 것입니다. 온 나라가 방사능 공포에 휩싸여 있는 일본 앞바다에서 잡아 오늘 아침 갓 들여 온 참치회를 어떻게 안심하고 먹을 수 있으며, 또한 아무리 당국에서 보장하며 좋다고 한들 중금속 오염이 염려되는 해산물을 선선히 먹을 수 있겠습니까? 그처럼 노력해도 지울 수 없는 것이 먹거리에 대한 그치지 않는 관심과 두려움입니다. 상황이 정 그렇다면 다음 이야기를 들려주면 됩니다.

철학자 데이비드 흄(1711-1770)은 어느 날 아름다운 웰레스 부인을 동반하고 배를 타고 바다로 갔습니다. 그런데 굉장한 폭풍이 몰려왔습니다. 겁에 질린 웰레스 부인은 이 철학자로부터 위로의 말을 듣고 싶었습니다. 그러나 이 냉정한 철학자는 폭풍으로 배가 좌초되면 반드시 두 사람은 고기밥이 되리라는 생각을 했습니다.

"그러면 고기는 도대체 어느 쪽을 먹을까요?"

하고 그녀가 물었습니다. 그러자 흄은 간단하게 대답했는데 조금의 위안이라도 얻고 싶었던 부인에게 그의 답은 전혀 도움이 안 되었습니다.

"대식가는 반드시 나에게 덤벼들겠지요. 그리고 미식가 놈들은 당신을 물어뜯을 겁니다."

알라의 이름으로

이슬람 음식 문화 속의 지혜

박현도
명지대 중동문제연구소 책임연구원

할랄과 하람

이슬람교는 먹을 수 있는 것과 먹을 수 없는 것을 엄격히 구분합니다. 아랍어로 전자를 할랄(Halal, 허용된 것), 후자를 하람(Haram, 금지된 것)이라고 합니다. 서울 이태원에 있는 이슬람 중앙성원에 가다 보면 할랄푸드(Halal Food)라는 광고문이 적혀 있는 상점이나 음식점을 어렵지 않게 볼 수 있습니다. 이슬람교 신자들, 즉 무슬림들이 안심하고 먹을 수 있는 음식이나 식재료를 판매한다는 뜻입니다. 무슬림들에게는 안 먹는 것이 아니라 먹어서는 안 되는 것이 엄연히 존재하고, 이렇게 먹을 수 없는 것을 하람이라고 합니다. 아마 여러분은 '술탄의 여인들이 거주하는 곳'이라는 의미를 지닌 '하렘harem'이라는 말을 들어보셨을 텐데요, 하렘은 하람(haram)의 터키어 발음입니다. 황제 외에는 누구도 접근할 수 없는 여인들이 머물기에 접근이 금지된 장소라는 뜻이지요. 그렇다면 할랄과 하람을 나누는 기준은 무엇일까요?

터키식 커피.
이탈리아의 자랑 에스프레소의 원형
이라고 할 수 있다. 무슬림들은 커피
문화를 유럽에 전해 주었는데 현재는
커피보다 홍차를 더 즐겨 마신다.

무슬림들은 유일신을 아랍어로 알라라고 합니다. 영어의 'the'와 같이 정관사 역할을 하는 '알(Al)'과 신을 의미하는 '일라(Ilah)'가 합쳐져 '그 신'이라는 의미의 '알일라(Al-Ilah)'가 되고, 다시 발음이 축약되어 '알라(Allah)'가 되었다고 합니다.* 알라를 한국 무슬림들은 하나님으로 번역합니다. 이 글에서는 아랍어 알라로 통일하겠습니다. 이슬람교에서는 알라가 인간을 올바르게 인도하고자 예언자를 여러 차례 세상에 보냈다고 합니다. 예언자는 알라의 뜻을 전하며 인간에게 바르게 살 것을 경고하는 역할을 합니다. 알라가 세상에 내보낸 첫 번째 예언자는 흙으로 직접 만든 최초의 인간 아담입니다. 이슬람교에서는 아담부터 노아, 아브라함, 모세 등 유대교 성서

---

* 밍가나(Alphonse Mingana, 1878-1937)와 같은 학자들은 알라라는 말이 시리아어(Syriac) 알라하(Alaha)에서 나왔다고 주장합니다. 시리아어는 아람어의 시리아 지역 방언으로 예수가 썼던 말입니다.

에 나오는 인물들과 그리스도교의 세례자 요한, 예수까지 모두 알라가 보낸 예언자로 간주합니다. 예수 이후에도 여러 예언자를 잇따라 보내 세상 사람들을 가르쳤고, 마지막으로 무함마드를 보냈다고 합니다. 알라는 예언자에게 늘 계시(啓示)를 내려 가르치는데요, 천사 가브리엘을 통해 무함마드에게 전한 알라의 계시가 담긴 책이 이슬람교의 경전 꾸란(Quran)입니다.* 여기에는 음식에 관한 알라의 가르침이 다음과 같이 적혀 있습니다.

믿는 자들이여, 너희가 진정 알라를 숭배한다면 알라께서 주신 좋은 것을 먹고 감사하라. 죽은 동물, 피, 돼지고기, 알라께 바쳐지지 않은 것은 먹지 말라. 욕심을 내거나 일부러 그런 것이 아니라 어쩔 수 없이 먹는 경우에는 죄가 아니다. 진정 알라는 관용을 베푸시고 자애로우시도다(2:172-173).

위 꾸란 구절이 말해 주듯 기본적으로 이슬람에서 금기시하는 것은 죽은 동물·피·돼지고기·알라 외의 우상에 바친 것이지만, 그것들도 생존을 위해서라면 먹어도 좋습니다. 위 금기 음식과 더불어

---

* 정확히 발음하면 꾸르안입니다. 아직 우리말 표준어가 정해지지 않아서 꾸르안, 꾸란, 코란이라고 다양하게 표기되고 있습니다. 학계에서는 편의상 꾸란이라고 쓰는 경향이 있습니다.

꾸란은 술을 금지합니다(2:216). 16장 69절에서는 알라께서 인간들에게 베푸신 은총 중 하나로 술을 거론하고, 역사 속에서 무슬림들은 술을 종종 천국의 음식으로 표현하였지만, 음주는 철저히 하람입니다. 전승에 따르면 술에 취한 채 예배에 참여하는 사람들 때문이라고 합니다.

꾸란 5장은 금기 음식에 대해 좀 더 상세히 설명합니다.

> 죽은 동물, 피, 돼지고기, 알라께 바쳐지지 않은 것, 목 졸라 죽인 것, 때려죽인 것, 떨어져 죽은 것, 뿔에 찔려 죽은 것, 목숨이 살아 있어 도 잡할 수 있는 경우를 제외하고 야생동물이 먹은 것, 제물로 희생된 것, 점괘로 잡은 것은 금지된다. (중략) 그러나 죄를 지을 의도 없이 극심한 배고픔 때문에 먹는 것은 허용한다. 진정 알라는 관용을 베푸시고 자애로우시다(5:3).

종교를 신앙하지 않은 사람들 눈에는 이슬람교의 금기 음식이 다른 종교에 비해 많은 것같이 보이지만, 사실 우리 한국인들 역시 낯설어 가리는 음식이 적지 않고 아무 고기나 막 먹지는 않습니다. 낯설다는 말은 깨끗한지 아닌지, 즉 안전한지 아닌지 자신할 수 없다는 의미도 됩니다. 이슬람교에서도 마찬가지입니다. 정결을 중시하는 이슬람교에서 허용 음식과 금기 음식을 가르는 일차적인 기준은 깨끗한가 아닌가입니다.

"정결이 신앙의 반"이라는 말이 있을 정도로 이슬람교에서 정결
은 대단히 중요한 신앙 덕목입니다. 섬세하게 발전한 정결례(淨潔禮)
가 이를 말해 줍니다. 종교를 신앙하는 사람들은 대체로 깨끗한 몸
과 마음가짐으로 각자의 종교 시설에 가서 경건하게 의례에 참가합
니다. 그런데 의례에 참가하기 전 평소의 청결 유무와 관계없이 씻
는 시설이 있는 곳은 이슬람교가 거의 유일할 것입니다. 무슬림들은
예배에 참여하기 직전에 머리, 얼굴, 입, 손, 발을 씻습니다. 이를 위
해 성원 한쪽에 세정실(洗淨室)을 따로 마련해 둡니다. 집에서 아무리
깨끗하게 씻고 왔어도, 예배 직전에 찜질방에 가서 목욕을 했어도
반드시 세정 의례를 행해야 합니다. 그렇게 하지 않으면 예배 자체
가 무효입니다. 먹는 것도 마찬가지입니다. 꾸란 가르침대로 정결한
것만 섭취해야 합니다.

돼지고기

피를 먹지 말라는 가르침은 크게 이상한 것이 아닙니다. 우리도 고
기를 사서 양념에 절이기 전에 핏물을 뺍니다. 선지해장국 외에 우
리가 일상에서 먹는 음식에서 피가 들어간 것을 찾아보기란 그다지

쉽지 않습니다. 해장국 먹을 때 선지를 빼고 먹는 분들도 많습니다. 몇몇 사람들이 강정제로 뱀 피, 사슴 피를 먹긴 하지만 흔한 일은 아니니 피를 먹지 말라는 가르침이 이상하거나 의아스러운 일은 아닐 것입니다.

그런데 돼지고기를 안 먹는 것은 문제가 좀 다릅니다. 한국인은 대체로 돼지고기를 즐겨 먹기 때문입니다. 이러한 차이가 생긴 생태적 환경과 삶의 방식을 이해해야 할 것입니다. 이슬람이 태동한 중동 지역은 돼지를 키우기에 적절한 환경이 아닙니다. 돼지는 습한 지역에서 살 수 있는데, 중동 지역은 건조하고 뜨겁지요. 실례로 강우량이 극히 미미한 이란 북서부 지역의 경우 덴하 테페(Dehnkha Tepe)를 제외하고는 적어도 기원전 3500년 이후 돼지와 관련된 유물이 나오지 않습니다.

또 돼지는 잡식성이라 사람과 음식을 공유합니다. 농업생산량이 좋아야 키울 수 있다는 말입니다. 그러니 중동 지역처럼 유목 문화가 주류인 지역에서는 가축으로 키우기가 어렵습니다. 그렇다고 해서 중동에 돼지가 전혀 없었던 것은 아닙니다. 메소포타미아, 아나톨리아, 후제스탄 등 오늘날 이라크, 터키, 그리고 페르시아만에 인접한 이란 남서부에서는 한때 돼지를 키웠습니다. 고대 이집트에서는 하층민들이 돼지고기를 먹었고, 돼지를 제물로 사용하기도 했습니다. 또 유대인의 히브리 성서에서 골리앗으로 유명한 팔레스타인

이란인들의 전형적인 아침 식사.
빵(라바시), 우유, 꿀, 잼, 버터.

사람들 역시 돼지고기를 섭취하였습니다. 여러분들도 아시다시피 유대인들은 돼지고기를 먹지 않습니다. 그런데 팔레스타인 사람들과 유대인들은 서로 적이었죠. 그래서 일부 학자들은 유대인들이 돼지고기를 먹지 않은 것이 팔레스타인에 정착한 이후의 현상이라면, 적들이 먹는 음식이라 안 먹었던 것이라고 추측하기도 합니다.

그리스도교 성서에는 예수가 사람 몸에 들어와 살던 귀신들을 쫓아내려 하자 귀신들은 자신들이 살기에 적합한 동물인 돼지 속으로 들어가게 해 달라고 요청하는 이야기가 나옵니다. 이에 예수가 허락하여 귀신들이 이천 마리에 달하는 돼지들 속으로 들어가자마자 돼지들이 언덕 비탈길을 달려 호수에 빠져 죽습니다(마르코 5:1-14). 불쌍한 돼지들은 악마에게나 어울리는 동물이기에 귀신들이 흔쾌히 들어가 살겠다고 한 것인 바, 돼지에 대한 부정적인 인식이 어느 정도

레바논 음식의 명물 타불

인지 아주 잘 보여줍니다.

그렇다면 무슬림들이 돼지고기를 먹지 않은 것도 이런 식으로 설명할 수 있을까요? 안타깝게도 문헌 및 고고학적 증거 부족으로 딱히 무어라고 말하기 어렵습니다. 사실 돼지고기는 페르시아 황제의 식탁에 올랐던 음식입니다. 무슬림들은 악천후에도 잘 견디는 인내심, 새끼에 대한 어미의 사랑, 가축으로 키우기 용이한 점, 높은 증식력 등 돼지가 지닌 좋은 점을 아주 잘 인식하고 있었습니다. 그럼에도 불구하고 꾸란에서 명백히 금하기에 먹지 않습니다.

무슬림들은 돼지가 정결하지 못하다고 생각합니다. 요즘이야 깨끗한 환경에서 돼지를 키우지만 제가 어렸을 때에만 해도 돼지우리는 냄새나고 더러웠습니다. 게다가 돼지 몸 속에 들어간 병균은 잘 제거되지 않기에 인간에게 치명적인 병을 옮긴다고 합니다. 또 저장이 쉽지 않고 잘 상합니다. 그래서인지 옛부터 돼지고기는 잘 익혀 먹어야 한다고 했고, 특히 여름철에는 잘 먹어야 본전이라고 해서 섭취하는 것을 피했습니다. 이러한 요인들이 복합적으로 작용하여 이슬람교에서 신도들이 돼지고기 먹는 것을 금했는지도 모르겠습니다. 여하튼 꾸란은 돼지고기 섭취를 금할 뿐 아니라, 알라의 분노를 불러일으키는 자들은 알라께서 친히 원숭이와 돼지로 만드신다고까지 하였습니다(5:60).

할랄 인증

꾸란이 금기시하는 음식은 대략 다음과 같이 정리할 수 있습니다.

돼지고기 및 햄, 페페로니, 베이컨 등 이를 함유한 모든 식품

돼지고기를 원료로 쓰는 식품이나 부산품

포식동물, 그리고 뱀, 파충류, 벌레, 곤충 등 귀가 없는 동물

피 및 피와 관련된 식품

알콜(모든 주류)

알라의 이름으로 정당하게 도살되지 않은 동물, 그리고 도살 전에 죽은 동물

할랄 인증 표시.
이러한 인증표가 제품에 붙어 있으면
무슬림들은 안심하고 소비한다.

그런데 요즘처럼 다양한 음식이 상업적으로 판매되는 상황에서 무슬림들이 모르고 금기 식품을 먹을 가능성이 적지 않습니다. 그래서 세계 각국의 무슬림들은 할랄 음식 인증위원회를 만들어 식품을 일일이 조사하여 소비해도 좋다고 인정한 제품에 할랄 인증표를 부여하고 있습니다. 먹는 것뿐만 아니라 화장품, 의약품 등 일상생활에 사용되는 모든 제품이 할랄 인증 대상입니다. 예를 들어 동물 지방이 원료로 사용될 가능성이 큰 젤라틴이나 글리세린, 그리고 알콜을 원료로 쓰는 바닐라는 하람이기에 이들 성분을 포함한 제품은 할랄 인증을 받을 수 없습니다. 젤라틴의 경우 식물성 원료 젤라틴은 괜찮습니다.

무슬림 인구가 많은 나라에 제품을 수출하는 회사라면 할랄 인증을 받아야만 무슬림들이 물건을 사 주니 신경을 쓰지 않을 수 없습니다. 코카콜라가 처음 이집트에 소개되었을 때 콜라에 금기 요소가 있는지 없는지 조사한 후 수입이 허용된 것은 유명한 이야기입니다. 우리나라 이슬람교단에서는 말레이시아의 도움을 받아 외국에 수출하는 국내 제품에 할랄 인증을 해 주고 있습니다. 통과한 제품 표면에 할랄 인증표가 인쇄되어 무슬림 소비자가 안심하고 살 수 있도록 도와 주는 것입니다. 무슬림들은 조금 비싸더라도 할랄 인증 표시가 있는 제품을 삽니다. 돈 몇 푼에 신앙인의 양심을 팔아 버릴 수는 없기 때문입니다. 세계 할랄 포럼 자료에 따르면 2010년 세계 할랄 시장 규모가 무려 6,616억 불에 달한다고 합니다.*

이슬람식 도축법

돼지고기와 술은 우리나라에서 사는 무슬림들에게 가장 큰 골칫거리 음식입니다. 저 역시 무슬림 친구들과 함께 식사할 때마다 메뉴 선정에 골머리를 앓습니다. 그러나 돼지와 술을 피한다고 일이 끝나는 것이 아닙니다. 소고기나 닭고기를 먹으려 해도 알라의 이름으로 도살되지 않은 것은 먹을 수 없습니다. 사정이 이러하니 한국 무슬

---

* "$632 Billion Halal Foods Market among Fastest Growing", *Indian Muslim Observer*, 2012년 7월 12일자(2012년 8월 10일 검색). www.indianmuslimobserver.com/2012/07/632-billion-halal-foods-market-among.html

림들이 국내 일반 식당에서 먹을 수 있는 음식 종류는 무척 적습니다. 우리나라가 채식을 많이 하는 것이 그나마 무슬림들에게는 다행입니다. 그렇다면 알라의 이름으로 도살한다는 것은 무슨 뜻일까요?

꾸란은 "알라의 이름으로 도살하지 아니한 고기는 먹지 말라. 그것은 죄악이다(6:121)."라고 가르치고 있습니다. 무슬림들은 소, 닭, 양 등 섭취가 허락된 동물을 도살할 때 먼저 물을 마시게 한 후, 도축장으로 들여 "알라의 이름으로, 알라는 위대하시다."라고 엄숙히 낭송하고 목 부분의 동맥이나 식도 또는 호흡관 부위를 베어 동물을 죽여야 합니다. 이때 동물은 예배 방향인 메카를 향해야 하고 목이 머리에서 떨어져 나가게 해서도, 신경계를 파괴해서도 안 됩니다. 도살자는 반드시 정상적인 정신을 소유한 무슬림 남성이어야 합니다. 또 다른 동물들이 보지 못하게 차단한 후 개별적으로 도축해야 합니다. 보통 무슬림들은 알라의 이름을 거론할 때 "자비로우시고 자애로우신 알라의 이름으로"라고 말하는데, 이때만은 그렇게 하지 않습니다. 도축이 자비, 자애와 거리가 멀기 때문입니다. 이렇게 죽인 동물만이 할랄 고기로 섭취 가능합니다. 그러나 무슬림이 소수인 우리나라에서는 할랄 시장 규모가 미미하기에 서울의 경우 이태원에나 가야 이슬람식으로 도축된 고기를 살 수 있습니다.

무슬림들은 이슬람식 도축이 고통을 최소화해서 동물을 빨리 죽도록 하는 인도적인 방법이라고 합니다. 이에 대해 동물애호가들은 그렇지 않다고 반론을 펴기도 합니다. 고통을 느낀다는 것입니다. 얼마나 고통을 느끼는지는 사실 우리가 알 길이 없습니다. 동물에게 고통을 주지 않으려면 아예 안 죽이고 안 먹는 것이 최상책일 것입니다. 그러나 소비를 해야 한다면 도축할 수밖에 없는데, 이 경우 필자가 보기에 육류 대량 생산을 위해 철저히 상업화된 현대식 도축법이 이슬람식보다 훨씬 더 비인도적이고 잔인하다는 것은 명백합니다.

2008년 미국산 소고기 수입 반대 시위로 전국이 들썩였을 때 우리는 안전한 먹거리를 향한 국민들의 강력한 바람을 읽을 수 있었습니다. 그런데 이를 한 차원 더 높게 가져가 보는 것은 어떨까요? 무슨 말인가 하면, 이왕 먹어야 하는 고기라면 안전할 뿐 아니라 최소한 인도적이고 윤리적이고 점잖은 방식으로 도축한 것만 소비하자는 말입니다. 사실 미국 축산목축업자들이 소를 키워 도살하는 방식은 참으로 잔인합니다. 모든 업자들이 다 그러지는 않겠지만 적어도 당시 언론에 보도된 곳은 그랬습니다. 때리고, 밀치고, 전기봉으로 지져 충격을 주고, 일어서지도 못하는 소를 불도저로 밀어 넣고, 기계톱으로 자르고, 머리를 베는 등, 말로 표현하기 어려울 정도로 무자비하였습니다.

동물이 태어나서 우리 입에 들어올 때까지 거치는 과정 중 어느 하나 우리 마음을 아프게 하지 않는 것은 없습니다. 그러나 인간이 살기 위해 어쩔 수 없이 먹어야 한다 하더라도 최소한의 격식을 갖추어 도살하고, 감사하고 미안한 마음을 다하면서 생명을 앗을 수는 없을까요? '악어의 눈물'이 될지 모르지만, 동물의 생명에 최소한의 경건함을 표하는 것은 감정적 사치가 아니라 하늘이 부여한 인간의 기본 성품에 따르는 것이라 믿고 싶습니다.

이런 점에서 이슬람식 도축법은 본받을 만합니다. 무슬림들은 동물을 때리거나 머리를 베어 죽여도, 기계톱을 써서 죽여도 안 됩니다. 무슬림들은 도살하기 전에 동물을 놀라게 하는 것이 옳은 일인가 그른 일인가를 두고 이견이 있습니다. 놀라서 죽게 하지 않는 한 괜찮다고 하는 무슬림들이 있는 반면, 놀라게 하는 것 자체가 동물에게 불필요한 고통을 주기에 잘못된 것이라고 보는 무슬림들도 있습니다. 그러나, 최대한 고통없이 도축하는 것이 이슬람식 도축법인 것은 분명합니다. 또 소가죽을 얻고자 할 때에는 반드시 소가 완전히 죽은 상태에서 벗겨내야 합니다. 조금이라도 살아 있는 상태에서 피부에 손을 댄다면 얼마나 고통스럽겠습니까. 상상만 해도 잔인한 일을 미연에 방지하는 것입니다. 그리고 도축에 쓸 칼도 동물 앞에서 날카롭게 갈아서는 안 됩니다. 이는 생명에 대한 최소한의 예의입니다.

현재 무슬림이 다수인 이슬람 문화권 국가들은 할랄 고기만을 수입해서 먹는데, 수출국이 이슬람식 도축법을 따르는지 점검하기 위해 정기적으로 관계자를 파견하여 시설을 직접 점검합니다. 또 일부 국가에서는 아예 동물을 수입하여 국내에서 할랄 고기를 만들기도 합니다. 모든 고기는 도축에서 포장까지 할랄 방식을 따르지 않으면 안 됩니다. 예를 들어 알라의 이름으로 도축한 고기와 그렇지 않은 고기가 같이 있으면 안 됩니다. 올림픽 같은 대규모 스포츠 행사에서는 주최국이 무슬림 선수들을 위해 할랄 고기를 따로 준비합니다.

무슬림 지식인들은 이슬람식으로 도축된 모든 고기가 할랄, 즉 신께서 허용한 정결한 음식은 아니라고 주장합니다. 예를 들어 동물성 사료를 먹여 키운 소는 아무리 올바르게 도축했다 하더라도 정결한 음식이 아니기에 무슬림이 소비하기에 적합하지 않다고 합니다. 초식동물인 소에게 고기를, 그것도 소에서 나온 것으로 만든 동물성 사료를 먹인다는 것 자체가 올바르지 않기 때문입니다. 초식동물에게 육식을 강요하는 인간의 탐욕은 정말 용서받지 못할 죄입니다. 소뿐 아니라 인간, 더 나아가 전 자연 세계를 미치게 하는 일입니다. 그런데도 돈에 눈이 먼 인간은 곡물 사료보다 싸고, 성장을 촉진하고, 육질이 부드러워진다는 이유로 동물성 사료를 초식동물에게 먹이고 있습니다.

이슬람식 도축법은 상당히 비경제적이고 비효율적입니다. 동물을 하나 죽일 때마다 일일이 "알라의 이름으로, 알라는 위대하시다."라고 낭송한 후 칼로 목 부위를 베어 죽이니 시간당 고기 생산량이 기계식으로 할 때보다 훨씬 미치지 못할 것은 불을 보듯 뻔합니다. 그러나 그 느린 시간에는 최소한의 윤리적인 마음이 담겨 있습니다. 다시 말해 이슬람식 도축법에는 인간을 위해 자신의 목숨을 내어 놓는 동물에게 고마워하는 마음과 어쩔 수 없이 죽여야 하는 미안함과 측은함이 깃들 여지가 있는 것입니다. 내가 살기 위해 남의 생명을 뺏을 때라도 제아무리 미물이라도 짧게나마 그 생명에 경외감을 표할 순간은 있어야 하지 않겠습니까. 따져 보면 우리는 경제성이라는 이름 아래 그런 촌각의 성찰마저도 거세해 버리고 성장과 효율만을 강조하며 살아 왔습니다. 광우병도 돈과 맛있는 고기에 눈이 먼 인간의 탐욕이 만든 추악한 산물입니다. 도축법을 통해 생명에 대해 조금이라도 경외심을 갖는 이슬람식 문화가 효율만 따지는 우리 현대인들의 마음에 조금이라도 깃들면 좋겠습니다.

절제, 나눔, 그리고 감사

알라의 이름으로 올바르게 도축한 고기와 허락된 정결한 음식만을 먹는 무슬림들은 먹을 때 오른손으로 먹고 과식을 하지 않도록 주의합니다. 오른손으로 먹으라는 말은 꾸란에는 없지만, 예언자 전승에 있기에 따릅니다. 꾸란은 과하게 먹고 마시는 사람을 알라께서 좋아하지 않으신다며 절제를 가르치고 있습니다(7:31). 먹을 때는 올바른 자세가 중요합니다. 서서 또는 기대서 먹어서는 안 됩니다. 음식은 참으로 귀중한 것이니 이를 소비하는 마음도 경건해야 한다는 것은 동서고금의 진리로, 이슬람 역시 마찬가지입니다.

끝으로 무슬림들이 그 누구보다도 음식의 소중함을 깊이 인식하는 사람들임을 알 수 있는 또 다른 사례를 소개합니다. 해마다 무슬림 순태음력으로 9번째 달인 라마단(Ramadan) 월에 일출 전 햇빛이 새어나올 때부터 해가 질 때까지 물 한 모금 마시지 않고 단식하는 전통이 있습니다. 초승달이 뜰 때부터 다음 초승달이 보일 때까지 한 달 동안 무슬림들은 단식 등을 통해 절제와 감사의 마음을 함양합니다. 일몰 후 예배를 드리고 난 뒤 갖는 이프타르(iftar), 즉 저녁 식사는 친지·친구 및 가난한 이웃과 음식을 나누는 감사의 시간입니다. 지난 1,400여 년간 무슬림들이 신앙을 지켜 온 것은 이렇게 강인한 절제의 정신, 공동체 사랑, 그리고 자신의 삶을 가능하게 해 준 창조주 알라에 대한 감사의 마음이 있었기 때문일 것입니다. "자비로우시고 자애로우신 알라의 이름으로" 절제하고, 나누고, 감사하는 무슬림들에게서 "경제성과 효율성의 이름으로" 돈만 밝히는 각박한 현대인들이 삶의 경건함을 배워야 할 때가 온 것 같습니다. 적어도 윤리적 육류 소비를 위해서 말입니다

하늘로
하늘을 먹고

동학에서 말하는 먹음의 문제

이길용

서울신학대학교 신학과 교수

먹는 일, 가장 중요한, 하지만 자꾸만 잊혀지는…

사람은 먹습니다. 먹어야 삽니다. 그리고 사람뿐만 아니라 세상의 모든 생명체는 먹어야 삽니다. 생명체가 먹고자 하는 욕망은 포기하고 싶어도 그럴 수 없는 본능입니다. 왜냐하면 먹는 일은 생명을 이어 가는 데 없어서는 안 될 필수요건이기 때문입니다. 어떤 유기체도 무엇이든 먹지 않고는 살아갈 수 없습니다. 이런저런 조건과 환경 때문에 한동안 먹는 일을 멈출 수는 있겠지만, 그래도 그 멈춤에는 시한이 있고 제한이 있습니다. 생명체에게 무제한적 금식은 결론적으로 죽음을 의미하기 때문입니다. 그래서 먹는 일과 그것을 위해 재료를 가공하는 능력은 인간을 비롯한 모든 생명체에게는 필수불가결한 것입니다.

그런데 종종 먹는 일은 우리 관심의 중심에서 멀어지기도 합니다. 특히 다른 어떤 시대보다 먹을거리가 풍부해진 지금 이런 현상은 더 잦아졌습니다. 아니 어쩌면 먹는 일의 가치를 조금 낮게 보는 것은

"밥은 곧 하늘.
그 안에 생명이 담겨있고,
먹는 일은 그 생명을 나누는 일"

전통적인 것인지도 모르겠습니다. 인간 사회에서 주로 음식을 다루는 이는 여성입니다. 그런데 우리가 익히 알고 있듯이 전통 사회에서는 음식 마련을 비롯한 살림살이를 전담하는 여성들을 '부엌데기'라 낮춰 부르고, 사회적으로도 남자들보다 하대하거나 무시하는 것이 통례였습니다. 이러한 관습이 지금도 그 잔재가 남아 있는 것은 우리의 현실이기도 합니다. 또한 먹을 재료를 식별하고, 그것을 가공하고 조리하는 것만큼 인간의 생활세계에서 중요한 것은 없음에도, 그런 행위와 능력에 대한 가치 부여는 상대적으로 인색했던 것 역시 사실입니다. 우리는 지금도 두꺼운 철학사나 역사책에는 경외의 마음을 갖지만, 총천연색 사진과 단출한 문장의 레시피로 이루어진 요리책은 그리 귀중한 것으로 여기지 않습니다. 그래서인지 우리 주변에 있는 대부분의 요리책은 서재가 아니라 주방 어디에선가 온갖 기름때에 찌들어 뒹굴고 있기 십상이지요. 생각해 보면 인간은 사회적 동물이기 이전에 '조리하는 동물'입니다. 그런데 이 조리의 기술과 역사가 우리 문화의 중심적 위치를 차지한 적은 그리 많아 보이지 않습니다.

요즘은 참으로 먹거리가 차고 넘칩니다. 지갑에 돈만 있다면 어느 누구도 부럽지 않는 산해진미를 맘껏 즐길 수 있는 시대에 살고 있습니다. 그래서 오히려 오늘날 음식은 '구매의 대상'일 뿐입니다. 그렇게 우리는 우리가 살아가려면 반드시 챙기고, 가꾸고, 살펴봐야 할 먹는 일과 음식의 문제를 자꾸 성찰과 탐구의 대상에서 제외시키고 있습니다.

먹는 일로 하나가 되는 세상

생명체가 먹는 방식을 크게 두 가지로 나눌 수 있습니다. 종속영양과 독립영양이 그것입니다. 이는 동물과 식물이 각각 먹이를 섭취하는 방식에 따라 구분한 것입니다. 말은 좀 딱딱하지만 뜻은 분명합니다. 종속영양은 동물들의 섭생 방식입니다. 동물들은 스스로 자신의 생명을 유지하는 데 필요한 에너지를 만들어 내지 못합니다. 동물은 다른 생물이 만든 유기물을 섭취하고 소화시켜 에너지화 하는 것입니다. 이런 방식을 종속영양이라 합니다. 그래서 동물은 식물성이든 동물성이든 끊임없이 외부로부터 먹거리를 섭취해야 합니다. 이와 달리 녹색 식물은 외부로부터 무기물을 섭취하여 광합성을 통해 유기물을 만들어 냄으로써 생존할 수 있습니다. 이런 방식을 '독립영양' 이라 부릅니다. 외부의 유기물을 섭취하지 않고 스스로 유기물을 만들어 내기 때문에 그런 이름을 붙인 것입니다.

이렇게 다양한 먹거리 섭취 방식을 살피다 보면 우리는 끊임없이 돌고 도는 생명의 순환구조를 알게 됩니다. 독립영양을 하는 녹색 식물, 그 식물이 생산한 유기물을 섭취하는 동물, 그리고 그 동물의 단백질을 주 영양원으로 하는 또 다른 동물들, 그 동물들에게서 나오는 배설물이나 동물의 사체들로부터 다시 다양한 유기질과 무기질들이 생겨나고, 그렇게 생긴 영양소와 빛·물을 이용해서 새로운 유기질을 만들어 내는 식물들, 그리고 그 식물을 섭취하는 동물들, 그리고 그 동물을 사냥하는 육식 동물과 인간들…. 그렇게 지구 혹은 우주의 세계 내에 살아가는 모든 생명체들은 서로 먹고 먹히며 생명의 DNA를 유지하고 이어 갑니다. 따라서 먹는다는 것은 생명의 본질이요 특성이라 해도 지나치지 않을 것입니다.

종교와 먹음의 문화

그러다 보니 이 먹는 행위는 거의 대부분 종교의 교리의 의례 속에 중요하게 포함되어 있습니다. 그 명칭은 다양하지만 대부분의 종교는 먹는 것을 아주 중요한 의례로 취급하고 있습니다. 그리스도교회의 성만찬이 보여주는 장엄함을 생각해 봅시다. 불교 승려들의 공양식도 엄숙하다 못해 성스럽기까지 합니다. 이슬람 라마단 금식 기간 중에도 저녁에 펼쳐지는 이프타르(Iftar, 저녁 식사)의 정겨움은 그들의 공동체 의식을 보여 주기에 충분해 보입니다. 그 밖에 한판 벌이는 샤먼들의 굿판에도 어김없이 푸짐한 한상의 음식은 빠지지 않습니다.

노르웨이의 종교학자 크리스텐센(Brede Kristensen, 1867-1953)은 고대인의 종교에서 '제의'가 매우 중요하다고 강조합니다. 그 이유는 이 제의 혹은 제사 행위를 통해 인간과 신이 상호 교류하기 때문입니다. 그런데 이 제의의 중심에 '먹는 행위'가 있습니다. 이렇게 신과 인간은 먹는 것 혹은 먹는 행위를 통해 서로 관계를 이어 갑니다. 신은 인간을 비롯한 세계를 만듭니다. 그리고 인간은 신이 만든 세계에서 먹거리를 찾아 섭취함으로써 생명을 유지합니다. 그런데 신은 무조건 베풀고 창조했기에 유실된 자신의 생명력을 보충할 필요가 있습니다. 바로 그 틈을 메워 주는 것이 제의입니다. 인간은 제의를 통해 신의 생명력으로 이루어진 먹거리를 다시 신에게 돌려줍니다. 그렇게 먹는 행위는 신과 인간을 연결하는 다리 역할을 하면서 끊임없이 돌고 돕니다.

여기에서 수많은 종교들의 사례를 모두 언급할 수는 없겠고 대략 그 내용을 정리하자면, 이들 종교 의례에 등장하는 먹는 행위는 대개 신과의 교류, 자연과의 소통, 우주 질서에의 편입 등을 의미합니다. 이는 앞서도 살펴보았듯이 먹고 먹히는 순환의 구조가 종교적으로도 적잖은 뜻이 있다는 말일 겁니다. 그러니 먹는다는 것은 매일매일 되풀이되는 일상적인 것이지만 생명을 위해 매우 중요하고 숭고한, 그리고 심지어 성스럽기까지 한 행위라 하겠습니다.

그런데 언제부터 이 먹는 행위가 자꾸 상품화됩니다. 먹거리 역시 가벼운 선택 대상이 되어 버리고, 식사 자체에 대한 사람들의 진지한 태도도 이전보다 많이 감소했습니다. 성스럽던 식사 행위는 순식간에 해치워야 할 때우기 행사가 되어 버렸고, 식사의 재료와 방식도 모두 탈색되고 왜곡되어 단지 빈 위장에 무언가를 채워 넣는 천박한 행위가 되어 버렸습니다. 순식간에 배를 채워야 할 정도로 시간에 쫓기는 분주한 현대인들에게 어울리는 음식은 패스트푸드 같은 정크 음식들뿐일까요? 왜 이런 일이 일어날까요? 왜 사람들은 살아가는 데 없어서는 안 될 이 중요하고 성스러운 식사를 때우고 해치워야 할 여러 일로 전락시켜 버렸을까요? 이는 아마도 그 먹는 일을 대하는 우리의 자세와 시야가 이전보다 훨씬 천박해진 탓은 아닐까요? 먹는 행위를 통해 신과 인간, 그리고 우주와 인간의 합일과 교류를 기대했던 옛 사람들의 지혜를 우리가 놓쳐 버렸기 때문은 아닐까요?

그런 점에서 '하늘로 하늘을 먹는다'(以天食天)고 이야기하는 동학의 2세 교조 해월(海月 崔時亨, 1827~1898) 선생의 가르침은 새겨들을 만합니다.

하늘은 사람에 기대고, 사람은 먹는 데에 기댄다!

해월 선생이 남긴 가르침에는 특별히 먹는 것에 관한 것이 많습니다. 해월 선생의 어록을 모아 놓은 『해월신사법설』에는 '식'(食)이란 한자가 51회나 나옵니다. 아마도 해월 선생에게도 먹는 일은 매우 중요했던 것 같습니다. 그분이 남긴 글 중에 이런 말이 있습니다.

하늘은 사람에 기대고, 사람은 먹는 데에 기댑니다. 세상 모든 일을 아는 것은 밥 한 그릇 먹는 것에 있습니다(天依人 人依食 萬事知 食一碗).

『해월신사법설』「천지부모」

짧은 글이지만 먹는 행위를 이처럼 진지하고 성스럽게 표현할 수 있을까 싶을 정도입니다. 하늘과 사람은 서로 연결되어 있는 존재입니다. 심지어 하늘은 사람에게 기대어 있습니다. 이는 크리스텐센이 지적했던 고대인들의 세계관과 거의 상통합니다. 신은 우주를 창조하였지만, 창조된 우주 역시 신으로부터 나온 것이기에 모든 존재는 신의 속성을 나누어 받고 있습니다. 이를 좀 어려운 말로는 범재신론(panentheism)이라 부릅니다. 그리스어로부터 온 말인데, '신(theos) 안에(en) 모든 것(pan)이 있다.'는 말이지요. 모든 존재는 신의 속성을 공유합니다. 그리고 그 점에서 신과 세상 만물은 비록 창조자와 창조물로 그 성격의 차이가 분명하지만, 서로 의지하고 또 영향을 주고받는 관계이기도 합니다. 해월 선생의 가르침도 바로 이 점을 보여주고 있습니다. 하늘은 사람에게 의지합니다. 그리고 사람은 먹는 데에 기댑니다. 먹어야 산다는 말입니다. 그런데 단순히 '먹기 때문에 살 수 있다'에서 멈춰 있지 않고, 해월 선생은 서너 걸음 앞서 달립니다. 세상 모든 일(萬事)을 아는 것이 '밥 한 그릇'(一碗) 먹는 것과 다르지 않다고 말합니다.

이처럼 먹는 행위는 중요합니다. 단순히 비어 있는 위장을 곡기로 채우는 것에 머물지 않고, 그 행위를 통해 우주에서 인간의 위치와 책무를 확인할 수 있기 때문입니다. 따라서 해월 선생은 '식고'(食告)를 강조합니다. 밥을 앞에 두고 먹기부터 하는 것이 아니라, 하늘과 땅에 성실한 마음으로 고하는 것이 바로 식고입니다. 지금 하늘과 땅, 그리고 인간이 수고하여 결실 맺은 밥을 먹겠노라고. 그렇게 한 그릇의 밥에 담긴 하늘과 땅, 인간의 노고와 은덕을 반복해서 기억해야 합니다. 심지어 해월 선생은 이 식고를 부모께 효도하는 것과 다르지 않다고 이야기합니다. 살아 계신 부모께 자식들이 최선을 다하여 효도하듯이, 사람들은 밥을 먹을 때마다 자신들에게 먹거리를 제공하는 하늘과 땅에게 감사해야 한다는 것이지요(『해월신사법설』「도결」). 이렇게 먹는 행위의 위상을 높이니, 이것을 준비하는 데 주도적인 역할을 하는 여인네들의 위상도 높아지게 됩니다. 역시 해월 선생의 말입니다.

> 부인은 한 집안의 주인입니다. 하늘을 공경하는 것, 제사를 받드는 것, 손님을 접대하는 것, 옷을 만드는 것, 음식을 만드는 것, 아이를 낳아서 기르는 것과 베를 짜는 것이 다 반드시 부인의 손이 닿지 않는 것이 없기 때문입니다 『해월신사법설』「부화부순」.

해월 선생의 이 말에서 여성(부인)은 이제 더 이상 부엌데기가 아니라, 한 집안의 주인으로 격상됩니다. 그리고 그 이유는 하늘과 인간을 이어 주는 일을 하기 때문이고, 그중에는 음식을 만드는 일도 있습니다. 해월 선생이 보기에는 여성이 중심이 되어 돌아가는 집안

caption
"우주를 담고 있는 한 그릇의 밥"

일이야말로 하늘을 모시는 가장 성스러운 일이 되고 맙니다. 밖에 나가 큰일을 해서 이름을 드날리고, 공을 이루어 출세를 하고 명예를 얻는 것보다 생명을 낳아 기르는 일이야말로 한 집안의 주인이 해야 할 일이라고 보고 있습니다. 그 일은 해치우고 때워야 할 허드렛일이 아니라, 정성을 다해 처리해야 할 종교적 행사요 성스러운 작업이 되는 것입니다. 사람을 살리고 하늘의 운행에 동참하는 일이기 때문입니다. 그러기에 해월 선생은 서택순의 집에 들렀을 때 베를 짜는 며느리를 보고 하늘의 일을 하는 '하늘님' 이라 말하기에 이릅니다. 성실히 집안일에 몰두하는 여인네의 모습에서 해월은 하늘의 성스러움을 읽고 있는 것이겠지요. 다른 곳에서 해월 선생은 인간의 식욕이 하늘로부터 기인한다고 말합니다. 다시 한 번 선생의 소리에 귀를 기울여 봅시다.

사람이 먹고 싶어 하는 생각은 곧 하늘님이 감응하는 마음이요, 먹고 싶은 기운도 역시 하늘님이 감응하는 기운입니다. 사람이 맛나게 먹는 것이 곧 하늘님이 감응하는 정이요, 사람이 먹고 싶은 생각이 없는 것은 바로 하늘님이 감응하시지 않는 이치입니다. 사람이 모신 하늘님의 영기가 있으면 산 것이요, 그렇지 아니하면 죽은 것입니다. 죽은 사람 입에 한 숟갈 밥을 드리고 기다려도 능히 한 알 밥이라도 먹지 못하는 것이니, 이는 하늘님이 이미 사람의 몸을 떠난 것입니다. 그러므로 능히 먹을 생각과 먹을 기운을 내지 못하는 것이니, 이것은 하늘님이 능히 감응하시지 않는 이치입니다『해월신사법설』「대인접물」.

해월 선생은 이처럼 사람의 식욕에서도 하늘의 마음과 기운을 읽습니다. 배가 출출한 것은 위장이 비어서 그런 것일 뿐만 아니라, 하늘이 감응하기에 그리 된다고 말합니다. 따라서 살아 있다는 것은 하늘과 밀접히 관계하며 지내는 것을 말합니다. 배고프지 않고, 먹을 것을 주어도 반응하지 않은 것은 하늘과 관계하지 않는 것이고, 그것은 곧 죽음을 뜻합니다. 그러니 하늘로 하늘을 먹게 되고, 하늘로 하늘을 키우게 됩니다. 우리가 먹을 음식은 하나의 대상으로 멈춰 있는 것이 아니라 나를 있게 한 하늘이요, 나는 그를 취함으로써 하늘과 관계하게 되고 아울러 하늘을 풍요롭게 하는 존재가 됩니다. 여기서 해월 선생의 한 말씀 다시 경청해 봅니다.

> 우리 도의 뜻은 하늘로써 하늘을 먹고, 하늘로써 하늘이 되는 것입니다. 만물이 낳고 낳는 것은 이 마음과 이 기운을 받은 뒤입니다. 그러고 나서야 그 생성을 얻게 되니, 우주만물이 모두 한 기운과 한마음으로 꿰뚫어져 있습니다『해월신사법설』「영부주문」.

한 그릇 밥을 제대로 먹는 사람은 세상의 이치를, 하늘의 비밀을 알게 됩니다. 그리고 하늘의 비밀은 모든 것들이 하나로 이어져 있고, 서로 관계를 맺고 있다는 것입니다. 그리고 그 관계에서 가장 핵심적인 것 중 하나가 바로 먹는 행위입니다. 따라서 모든 종류의 먹는 일은 신성하고 거룩한 것입니다. 대충대충 때워야 할 일이 아니라 정성스런 마음으로 소중히 접하고 대하여야 할 '의례'가 됩니다. 음식을 준비하는 사람이나, 그것을 소비하는 사람, 그리고 그 뒤를 정리하는 사람, 모든 사람이 한마음으로 하늘을 대하듯이 해야 할 것입니다. 그렇게 해월 선생의 가르침은 지나간 옛 사람의 구호로만 머물지 않고, 지금도 커다란 웅변이 되어 우리 귓전에 울립니다.

"하늘은 사람에 기대고, 사람은 먹는 데에 기댑니다. 세상 모든 일을 아는 것은 밥 한 그릇 먹는 것에 있습니다."

아름다운 관계가
행복한 먹거리

내가 먹는 것이 나를 만든다

조승헌
인천발전연구원 연구위원

작은학교에서 만난 오늘의 요리사

식당에 들어서자마자 그날 아침 식사에 대한 기대는 접었습니다. 중학생 또래의 사내 녀석이 감자를 듬성듬성 썰고 있더군요. 음식에 관심이 많은 저는 손놀림만 보아도 어느 정도 맛을 짐작할 수 있지요. 대강 한 끼 때우겠다고 마음을 먹으려다가 입이 딱 벌어지고 말았습니다. 녀석이 바지 호주머니에 손을 넣어서 뭔가를 꺼내더니 프라이팬에 툭툭 뿌려댑니다. 붉은 가루더군요. 이어 왼쪽 호주머니에서 나온 손바닥에는 흰색 알갱이가 있었지요. 그렇게 고춧가루와 소금을 뿌린 감자볶음을 식탁에 올린 녀석은 필자의 후배(작은학교의 교사)에게 고개를 꾸벅 한 후 식당을 나가 버렸습니다. 오늘의 요리, 감자볶음이라며 많이 먹으라는 후배의 말에 더욱 당혹스러워한 것은 아내입니다. 유난히 깔끔하고 위생을 따지는 판에 '호주머니 양념통'을 보았으니 토하지 않은 것이 대견할 정도였습니다. 제 눈에도 감자가 먼지덩이로 보이더군요.

감지를 썬다.
마음을 나눈다.

10여 년이 더 지난 신혼 초기에 있었던 일입니다. 대안학교인 지리산 실상사에 있는 작은학교 초기 시절에 교사로 있던 대학 후배를 방문했을 때의 경험입니다. 외지에서 온 학생과 교사가 같이 생활하던 숙소는 산내면에 있었죠. 선생님을 찾아온 '신혼부부 선배님'을 위하여 방을 청소하고 아침용 요리를 특별히 마련한 거라고 하더군요(평소에는 냉장고에 있는 밑반찬으로 대강 먹는다고 합니다).

그 말을 듣는 순간 저와 아내의 눈길이 반짝 마주쳤습니다. 그때, 저는 고등학교 때 초등학생 몇 명을 모아 과외를 했는데 스승의 날이라고 어린 학생들이 카네이션을 달아 주었지요. 색종이로 어설프게 매듭을 했고 글씨도 삐뚤빼뚤이었지만 그 선물은 그동안 제가 학생들에게 받은 어떤 선물보다 가슴이 뭉클한 기억으로 남아 있었습

하늘이 내려주신 선물을 걷어가는 사람들.

니다. 그리고 최악의 요리를 가장 황홀하게 먹었던 그날의 기억은 제 신혼 시절을 아름답게 해 주는 소중한 경험이자 제 인생의 자양분이 되고 있습니다.

지속 가능한 행복을 찾으려면

단순히 하루 끼니를 때우는 것이었다면 10년이 더 지난 지금까지 감동이 생생할 리가 없겠지요. 배고프지 않으려고 어쩔 수 없이 먹는 것이야 뱃속을 채우면 되겠지요. 그런 건 본능적 욕구를 충족시킨다는 면에서 동물과 다를 바가 없습니다. 본능에 충실한 식사 행위가 나쁘다고 할 수는 없지만 무엇인가 부족하다는 느낌이 있지 않나요?

저는 행복경제학을 공부하고 있습니다. 행복경제학은 행복을 경제적인 맥락에서 접근하는 것이지요. 돈, 소득, 경제성장, 소비 같은 경제 개념이 행복과 어떤 관련이 있는지를 따져 보는 것입니다. 행복경제학이 학문의 영역에서 주목을 받은 것은 20년 정도가 되었으니 아직 초보 단계이지만 앞으로 발전의 잠재력은 많습니다. 행복경제학은 말합니다. 돈이 많다고 저절로 행복해지는 것이 아니고, 돈을 벌고 쓰는 방식이 행복해지는 데 훨씬 더 중요한 것이라고요. 행복은 돈만이 아니고 건강, 사회적 관계, 자연환경 등 여러 가지가 복합적으로 작용하여 결정되는 것이라는 건 우리 모두가 잘 알고 있지 않습니까. 그럼에도 불구하고 우리는 돈, 등수, 권력 같은 경쟁이 심한 것만을 통하여 삶의 의미를 찾고 행복을 확보하려는 경향이 나날이 커지고 있습니다. 이러니 무한경쟁을 피할 수 없고 경쟁에서 이기는 극소수만이 행복해지고 대부분은 불행할 수밖에 없는 사회가 되는 것이지요.

남과 비교하지 않고 스스로 행복할 수 있는 방식으로 살아가는 것이 중요합니다. 돈이 커다란 존재감을 발휘하지 않도록 하는 것, 저는 그것을 '지속 가능한 행복 찾기'라고 합니다. 독서, 명상, 산책,

편지나 글쓰기 등을 생각할 수 있지요. 이런 것들이 자기 마음을 살찌게 한다는 것은 누구나 알고 있습니다. 다만 실천하기가 쉽지 않지요. 저도 남보다 독서나 글쓰기를 즐겨 하지만 반드시 해야 할 필요가 없으니까 게을러지기 쉽거든요. 지속 가능한 행복을 찾겠다고 마음먹고 제가 관심을 가진 것은 먹는 것입니다. '하루어치의 행복'이라고 할 만하지요.

안심할 수 있고, 맛있고, 몸에 좋은 것. 이것이 현재 우리들 대부분이 먹는 것으로부터 얻고자 하는 세 가지 가치라고 할 만하지요. 그런데 이 세 가지의 내용에 결정적인 영향을 끼치는 것이 있습니다. 돈이죠. 다시 말해 사람들이 먹는 것을 가지고 이익을 많이 남기려고 하는 것입니다. 자본의 논리라고 할 수 있죠. 사람들이 무엇을 먹을지, 어떤 재료를 살지, 얼마나 먹을지, 어떤 반찬을 먹을지 판단과 선택을 할 때에는 입맛과 같은 개인의 취향이 많이 개입되지요. 하지만 실제로 더 중요한 조건은 바로 경제 상황 아닐까 합니다.

경제 사정이 좋지 않을 때는 양적으로 배를 채우는 것이 상대적으로 중요한 목적이 됩니다. 먹거리가 절대적으로 부족한 상황에서 맛이나 식품 안전을 따지기는 쉽지 않지요. 우리나라가 보릿고개 같은 절대 궁핍을 벗어난 것은 불과 50년이 되지 않습니다. 지난 가을에 마련한 양식이 바닥나고 그해 농사 지은 보리가 미처 여물지 않은 5월과 6월은 식량 사정이 매우 어려운 시기였죠. 이런 보릿고개에 대한 뼈저린 추억이 우리 부모님 세대들에게는 남아 있습니다.

먹거리의 절대적인 양이 어느 정도 충족되면 맛으로 관심이 옮겨갑니다. 배가 고플 때는 이것저것 가리지 않다가 어느 정도 배가 부르면 맛을 따져 이것저것 골라 먹게 되는 것이죠. 먹거리에 대한 관심이 양에서 질, 구체적으로 맛으로 무게중심을 옮겨가기 시작한 것이 우리나라에서는 1980년대 중후반 정도부터라고 생각합니다. 한국의 경제력이 어느 정도 커지면서 국민들의 소비 수준 양상에 의미 있는 변화들이 나타나기 시작한 것입니다. 1980년대는 한국 사회 변동에서 중요한 시기입니다. 정치 부문에서는 군사독재가 끝나고 민주주의의 발판이 마련되기 시작하죠. 소비 경향도 크게 달라집니다. 1982년에 프로야구가 출범하고, 1989년부터는 해외여행이 자유로워지면서 1990년대 초반부터 배낭여행이라는 단어가 심심찮게 언론에 오르내리기 시작합니다. 이 시기에 먹거리 문화에 나타난 가장 커다란 변화로 육류 소비를 들 수 있습니다. 쇠고기, 돼지고기, 닭고기를 합친 육류의 일인당 소비량은 1970년에 5.2kg에서 1980년에 두 자리 수가 되고 1990년에는 20kg에 육박합니다. 10년이 지난 2000년에는 30kg을 넘어서고 지금은 40kg 정도를 먹고 있죠.

고기 소비의 절대량이 늘어나면서 고기의 맛에 대한 관심이 생겨나기 시작했습니다. 고기를 먹을 때 부위별로 구분하거나 등급을 따지는 것이 소비 단계에서 보편화된 것은 불과 10년이 되지 않지요.

소매 단계에서 축산물 등급제가 시작된 것이 1998년이고, 지금 우리에게 낯익은 쇠고기 등급인 1++, 1+, 1등급, 2등급, 3등급 형식이 시작된 것은 2004년입니다. 이제 사람들은 고기의 양보다 어떤 종류, 어떤 수준의 고기를 먹을 것인가에 관심이 많아지게 된 것이지요. 미국산 수입 소고기, 광우병, 조류 인플루엔자에 대한 사회적 관심이 높아진 것도 이런 흐름이 반영되었다고 볼 수 있습니다. 고기뿐만 아니라 먹거리 전반에서 맛과 식품 안전성이 가장 중요한 고려 사항이 된 것입니다. 2000년대 들어 먹거리 문화에 나타난 또 하나의 커다란 변화가 웰빙 풍조입니다. 화학비료나 농약을 치지 않은 자연산 유기농 먹거리에 대한 관심이 높아진 것입니다. 맛을 따지고, 안전성을 중시하고, 웰빙을 강조하는 사회적 분위기를 조성하고 그 흐름을 밀고 나가는 데에는 절대 빈곤을 넘어선 경제적 여유를 바탕으로 삶의 질을 찾겠다는 사회적 분위기가 작동하고 있다고 할 수 있습니다.

1++ 등급의 행복을 맛보려면

다시 말해 경제 수준이 이렇게 먹거리의 양과 질의 선호를 결정해 온 것입니다. 경제가 발전하지 못했을 때는 먹거리의 절대량이 부족

앞마당 나무에 열리면 감, 마루에 걸리면 곶감.

했기 때문에 양이 중요했지만 그 문제가 해결되자 이제는 질을 따지게 된 것입니다. 그런데 여기서 한 걸음 더 나아가 세계화가 되어 전 지구적으로 이익을 극대화하는 것이 가능해지자 먹거리가 돈을 버는 아주 좋은 수단이 되면서 새로운 문제가 불거졌습니다. 몸에 좋지 않은 식품이 넘쳐나는 것, 화학적인 성분을 과다하게 사용하여 자극적인 맛을 내는 것 등이 돈을 많이 벌겠다는 욕심에서 나온 나쁜 현상이죠. 먹어서 고치는 것이 최고의 약이라고 합니다. 이 말은 자연으로부터 섭취하는 먹거리에 우리가 필요로 하는 요소들이 담겨 있다는 것이지요. 밥이 보약이라는 말도 있지요. 농경사회였던 우리 민족은 체질이 고기보다 밥 종류가 몸에 더 맞는다는 것이지요. 그런데 이런 말들이 지금도 적절한지를 생각해 보면 고개를 갸우뚱거릴 수밖에 없습니다. 내가 먹는 것을 누가 어디서 어떻게 만들었는지 걱정이 되기 때문입니다.

과자 한 봉지만 보더라도 전 세계에서 생산된 성분이 들어가 있습니다. 과일, 고기, 생선도 마찬가지이죠. 이렇게 먹거리가 세계화가 되면서 자본의 논리가 먹거리에 가장 중요하게 작용하게 되었습니다. 값이 싸니까 미국에서 쇠고기가, 동남아에서 바나나가, 중국에서 김치가 한국에 있는 우리 밥상까지 올라오는 것이죠. 예전에는 음식이 정성이고 보약이고 어머니의 손맛이었는데 맞벌이가 보편화되면서 외식도 자주 하게 되었죠. 생태적으로 건강하게 자라난 재료, 어머니의 정성이 담긴 요리, 오순도순 정과 맛을 버무리는 먹거리 문화가 점점 사라지고 있습니다.

먹거리의 안전성이 걱정되면서 유기농에 대한 관심이 높아지고 있습니다. 예전에는 모든 먹거리가 유기농이요, 모든 거래가 생산자와 소비자가 직접 사고파는 형식이었죠. 소비자는 유기농 제품이 값은 비싸지만 몸에 좋고 안전하다고 믿고 있습니다. 그래서 일반 물건 값보다 비싼 '신뢰 프리미엄'이 붙는 것입니다. 믿음에 근거하여 돈을 지불하는 것이지요. 물건을 파는 사람과 사는 사람 사이의 관계와 신뢰도가 물건 값을 결정하는 데 중요한 역할을 하게 된 것입니다.

공정무역 같은 것이 물건에 배어 있는 사연과 사람들과의 관계를 중요하게 여기는 전형적인 거래 방식입니다. 공정무역은 경제적으로 여유가 있는 국가의 소비자들이 경제 발전이 덜 된 나라에서 생산되는 물건들을 합리적인 가격에 구매하는 행위입니다. 물건을 만드는 과정에서 아동을 착취하거나 무분별하게 자연을 훼손하지 않도록 하기 위하여 선진국에서 물건 값을 적절하게 지불하는 것이죠. 원료 생산 과정에 아동 노동이 개입되지 않도록 한 '착한 초콜릿', 친환경적으로 재배된 커피 원료를 합리적인 가격에 구입하는 사례를 생각할 수 있죠.

공정무역은 단순히 완성품을 구매하는 것을 넘어 다양한 형태로 진화하고 있습니다. 친환경적이고 인권이 보장된 제품 생산을 위하여 구매자들이 생산지에 공장을 직접 세우기도 하지요. 어렵게 살아온 저개발 국가의 사람들이 홀로 설 수 있도록 하는 것을 궁극적인 목적으로 하는 것입니다.

이처럼 경제 논리가 지배하던 먹거리에 관계 논리가 더 강조되는 흐름이 나타나고 있는 것이 요즘 추세입니다. 먹는다는 것이 단순히 배를 채우거나 맛에 집착하는 것을 넘어 사람을 생각하는 것으로 확대된 것이죠. 값이 비싸고 고기 등급이 높으면 맛이 좋아 행복할 수 있겠죠. 하지만 제가 볼 때 그런 행복은 초보적인 행복입니다. 소고기 등급으로 따지면 1등급 수준일 뿐이죠(소고기 등급에서 1등급은 중간 수준, 다섯 등급 중 세 번째이죠.). 큰 행복을 가져다 주는 음식은 값비싸고 고기 등급이 높은 것보다 사연이 깃든 음식입니다. 지리산 실상사 작은학교 학생이 저에게 해 준 감자볶음을 떠올려 봅시다. 그 볶음을 음식 자체로만 본다면 맛은 두말할 것도 없고 위생에도 문제가 있었을 겁니다. 그런 흠집이 있지만 끝내 저와 아내에게 행복한 먹거리가 될 수 있었던 것은 음식을 매개로 하여 맺어진 사람과 사람의 관계, 그리고 그 속에 담긴 사연 때문이 아닐까요?

이제 사회적으로 안심할 수 있고, 맛있고, 몸에 좋아야 한다는 조건을 넘어 정과 사연이 깃든 먹거리를 찾는 경향이 늘어나고 있습니다. 이런 먹거리가 곧 생활에서 찾을 수 있는, 소소하지만 알찬 행복거리라는 삶의 지혜를 터득하기 시작한 것이죠. 그러한 행복거리는 돈벌기나 등수 경쟁처럼 남을 이기고, 힘들게 하고, 마음을 상하게 해야 내가 원하는 것을 얻을 수 있는 것이 아니지요. 각자 조금만 마음을 내어 노력하면 누구나 풍족하게 누리는 것이 가능한 행복입니다. 그런데 우리가 이런 행복들을 지속적이고 안정적으로 확보하기 위해서는 사회적인 노력이 필요합니다. 무엇보다 먼저, 안전하고 맛있고 생태적으로 건전한 먹거리가 생산되어야 하겠죠. 그러기 위해서는 먹거리 원료가 만들어지는 모태라고 할 수 있는 자연환경이 건강해야 합니다. 지속 가능한 행복은 지속 가능한 자연환경을 전제로 하는 것입니다.

먹거리를 이용해서 돈을 버는 일에 혈안이 된 결과 몸을 망치는 먹거리가 생겨난 것이었지요. 이런 문제를 근원적으로 풀기 위해서는 먹거리 자체를 넘어 사람과 사람의 관계가 중요하다는 것을 깨닫게 되었습니다. 신뢰를 바탕으로 하여 거래되는 유기 농산물과 공정무역이 이런 취지를 구현하고 있는 대표적인 보기입니다. 나아가 우리가 사람과 사람의 관계를 넘어 사람과 자연의 관계를 강조하는 것은, 사람만 살려고 환경을 훼손하면서 이익을 찾으려는 방식은 지속 가능하지 않기 때문이죠.

행복하고 아름다운 먹거리

내가 먹는 것이 나를 만든다고 합니다. 얼굴 인상이 살아온 내력을 보여 준다면 건강과 성격은 자신이 먹었던 것들의 기록이라고 할 수 있습니다. 여러분은 무엇을 먹고 있나요? 먹을 때 무엇을 생각하나요? 칼로리, 몸무게, 다이어트? 여러분은 식구들과 모두 모여 식사를 같이 하는 것이 일주일에 몇 번인가요? 외식이 좋은가요?

행복한 먹거리인가 아닌가를 결정적으로 좌우하는 것은 값이나 맛보다 관계인 경우가 많습니다. 음식에 배어 있는 사연, 음식이나 재료를 만들어 준 사람과 나와의 관계, 음식을 같이 먹는 사람과 나와의 관계, 나아가 먹거리에 얽혀 있는 사회적 의미, 먹거리를 가능하게 한 자연을 어떻게 생각하느냐에 따라 맛이 달라지고 행복이 결정됩니다.

지리산 실상사에 있는 작은학교를 생각할 때면 배시시 미소가 배어 나옵니다. 지금 녀석들 얼굴은 생각나지 않지만 찌르르한 그 맛은 평생을 남아 있겠지요. 아름다운 관계와 사연이 가득한 행복한 먹거리가 여러분과 함께하기를 바랍니다.

식탁과 세계

음식, 몸 그리고 생태

이봉석
남서울대학교 교양과정부 강사

먹는 것에서 나를 발견한다

'먹는다' 는 행위는 인간의 생존 본능입니다. 그리고 먹는 행위 속에는 욕망이 자리 잡고 있습니다. 그래서 사람들은 먹을 것을 확보하고 저장하기 위하여 서로 싸우기도 합니다. 반대로 사람들은 음식을 나누면서 우정을 느끼기도 하고, 연대를 확인하기도 하지요. 이처럼 '먹는다' 는 것이 인간 생존과 인간관계의 중심에 있음을 알 수 있습니다. 그런데 식(食)의 행동 가운데 이상한 것이 하나 있습니다. 그것은 바로 음식 투정입니다. 차려진 밥상이 마음에 들지 않아 칭얼거리거나 무턱대고 떼를 쓰며 조르는 행위지요. 만약 음식 투정을 자기 욕망의 소리로 듣는다면 어떨까요? 관심을 받고 싶어서 불평하는 것은 아닌지, 왜 늘 같은 밥상을 받는 것인지, 다른 사람은 먹는 것을 왜 우리는 못 먹는 것인지, 먹기 전에 화를 내는 나는 무엇인지 등 참으로 밥이나 반찬에 대한 투정 속에는 자기 자신에 대한 많은 심리적 정보가 들어 있습니다. 그러니 먹는 것에서 나를 발견할 수 있을 것입니다.

사회적 측면에서도 사람들은 타인의 욕망을 모방하면서 타인과 같아지고자 합니다. 어떤 사회에든지 이상적인 멋과 품위를 가진 사람이 있기 마련이기에 사람들은 이 이상적인 사람의 먹는 것, 입는 것, 사는 것, 모두를 모방함으로써 '나도 그와 같다'는 허영심을 만족시킵니다. 자신이 먹는 것, 입는 것, 사는 방식과 같은 것을 다른 사람이 모방하는 것을 보며 우월함을 느끼는 것도 같은 맥락입니다. 이러한 의미에서 '먹는다'는 것은 개인의 생존 본능에 머무르지 않고 문화로서 모방의 대상으로 확대됩니다. 흥미롭게도 성경의 창세기는 '먹는 것'으로써 허영과 우월감에 사로잡힌 인간을 이야기합니다. 뱀은 마치 자신이 선과 악을 알게 하는 나무의 열매를 먹었던 것처럼 하여 여자를 꾑니다. 여자는 뱀이 먹은 것과 같은 것을 먹고 싶어 하며, 이를 모방합니다. "여자가 그 나무의 열매를 보니, 먹음 직도 하고, 보암직도 하였다. 그뿐만 아니라, 사람을 슬기롭게 할 만큼 탐스럽기도 한 나무였다(창 3: 6)." 마침내 여자는 자신의 욕망을 뱀의 욕망과 동일화하려 하며 이를 실행합니다. 이 이야기 속에서 '먹는다'는 행위는 슬기로움을 추구하는 문화적 코드와 연관되어 있습니다. 한마디로 '먹는다'는 것 속에 그럴싸하게 먹고 싶다는 허영심과 우월감의 문화적·사회적 욕망 코드가 들어 있는 것이지요.

이 글에서는 문학적 상상력과 사람들의 관습에 대한 분석의 도움을 받아 먹는 것을 둘러싼 세상과 나의 욕망의 관계를 생각해 보려고 합니다.

식탁이 주는 상상력과 요나 콤플렉스

사람마다 다르겠지만 하루 일을 마친 현대인들은 서둘러 자신의 보금자리인 집으로 돌아가 저녁 식사를 하고 휴식을 취하려 합니다. 그들은 집에 들어가 현관문을 닫는 순간 힘들었던 세상으로부터 즐거운 단절을 경험합니다. 자신의 집으로 들어가는 것은 자기 자신 속으로 들어가는 것입니다. 그 안에서 각자는 낯익은 냄새, 몸의 일부처럼 배치된 가구들, 익숙한 형광등 조명과 벽지 문양 그리고 조용함 속에서 편안함을 느낍니다. 특히 식탁에 앉아 밥을 먹고 차를 마시며 자신의 일과를 식구들에게 이야기할 때 더 이상 부족함이 없다고 느낍니다. 때로는 차려진 밥상에 대해 투정을 부릴 수도 있습니다. 이 모든 것은 집이 세상으로부터 단절되었기 때문에 가능한 것입니다. 그리고 우리끼리라는 극도의 제한성 덕택에 허락된 것이지요.

철학자이며 문학 비평가인 가스통 바슐라르는 『대지 그리고 휴식의 몽상』에서 집을 요나가 주거하던 고래 배에 비유하며 닫힌 공간이 주는 심리적 편안함을 이렇게 말합니다.

> 감싸는 일, 바로 그것이야말로 인간의 커다란 꿈이 아닌가. 잘 봉인
> 된, 최초의 원초적 휴식을 되찾는 일이야말로 고요히 꿈꾸자마자
> 다시 태어나는 욕망이 아닌가. […] 요나 콤플렉스는 부드럽고 따뜻
> 하며 결코 습격 받은 적 없는 편안한 원초적 기호인 안전지대의 온
> 갖 형상들을 곧바로 표시한다. 그것은 내밀성의 한 진정한 절대경,
> 행복한 무의식의 절대경이다.
>
> (가스통 바슐라르, 『대지 그리고 휴식의 몽상』, 169)

어렸을 때 숨어 놀던 장롱, 귀중품을 넣어 두던 서랍, 집, 이러한
것들은 심리적 평안을 주는 닫힌 원시적 공간의 좋은 예입니다. 누
구나 장롱에 숨어 놀던 기억을 가지고 있을 것입니다.

바슐라르는 집에 들어가고 나오는 것을 '집이 우리를 삼키고 내
뱉는' 것으로 비유합니다. 그의 상상이 즐겁고 유쾌하지 않나요? 집
이 우리를 삼켰다면, 우리는 소화되어 분해되어야 하지 않겠어요?
그러나 우리는 고래 배 속에 상응하는 벽으로 둘러싸인 공간에서 오
히려 편안함을 느낍니다. 마치 우리가 장롱에 숨어 있을 때처럼 말
입니다. 우리가 소화되지 않고 온전히 보전될 수 있는 이유는 무엇
일까요? 우리가 삼켜졌기 때문입니다. 집이 우리를 통째로 삼키고,

이어서 한 번의 목젖 운동으로 우리를 배 속으로 밀어 넣은 것이지요. 우리는 끈적거리는 점액질에 보호되어 깊은 꿈의 세계, 즉 무중력의 심연으로 인도됩니다. 그러니 집이 고래처럼 우리를 삼켰음에도 불구하고 닫힌 원시적 공간에서 편안함을 느끼는 것입니다.

문학적 상상력 속에서 삼킨 것과 다시 내뱉은 것은 동시에 나타납니다. 고래 배 속의 요나는 어머니의 배로 다시 돌아간 콤플렉스의 요나입니다. 그는 니느웨 성이 멸망할 것이라는 예언을 전하는 사명을 신으로부터 받았습니다. 그러나 요나는 자신이 해야 할 일로부터 도피했습니다. 자신의 일을 다하지 않은 불편한 마음이 그의 내부에서 일어남에도 불구하고 그는 고래 배 속에서 편안함을 느끼고 있습니다. 그러기를 3일, 요나는 고래 배 속에서 중얼거리기 시작합니다. 중얼거림 속에는 투정이 있고, 신세 한탄이 있고, 밖에서 해야 할 일도 있습니다. 요나는 고래 배 속에서 자신의 모습을 발견한 것입니다. 이제 그는 자신이 해야 할 일을 수용합니다. 비록 그 일이 자신이 원하는 일이 아니더라도 말입니다. 그 후 고래는 요나를 세계에 내뱉습니다. 이것은 안에서 밖으로 나오는 빛 혹은 무의식에서 의식으로 전환되는 변증법의 상징이라고 할 수 있습니다.

바슐라르는 문학작품들 속에서 이러한 변증법을 확인합니다. 소설가 에밀 졸라는 『제르미날Germinal』에서 광부들이 지하 갱도에 들어가는 것을 다음과 같이 묘사하였습니다; "수직 갱도는 한 입에 이

삼십 명의 사람들을 삼켰다. 그들이 넘어가는 것도 느끼지 못할 듯한 너무도 쉬운 한 번의 목젖 운동으로 말이다." 동화작가 그림(Grimm) 형제의 동화 『엄지둥이의 여행』에서 엄지손가락만한 매르헨역시 건초 위에서 잠을 자다가 건초 더미와 함께 암소의 위장에 들어가게 됩니다. 이어서 사람들이 그 암소의 위장을 거름 더미 위에던지고, 배고픈 늑대가 이 위를 삼켰습니다. 메르헨은 이제 암소의위장에서 늑대의 위장으로 옮겨진 것이지요. 요나, 광부들, 엄지손가락만한 메르헨, 이들 모두는 배를 가르고 다시 세상으로 나옵니다. 삼켜서 먹는 방식이 다시 내뱉어짐을 전제하기 때문에 이러한문학적 상상력이 가능한 것이지요. 결과적으로 물고기가 사람을 삼켰을 때 문학의 주인공은 신체기관(배) 속에서 자신의 본성을 발견하고, 자신의 잘못을 뉘우칩니다. 식도, 위 그리고 대장의 밀착된 튜브를 비집고 관통할 때 '삼켜진 문학의 주인공' 들은 외부세계에서 해야 할 일을 자신의 욕망에서 떼어 내려는 무의식적 행동을 합니다. " '할까 말까?', '아니야 내가 그렇게 하면 다른 사람들이 뭐라 그럴거야.', '내가 무엇을 한 거야?' "와 같은 하나의 무의식적 중얼거림을 토해 내게 합니다. 닫힌 공간, 즉 집이 우리를 삼켰을 때 이러한콤플렉스의 중얼거림이 자연스럽게 입 밖으로 튀어나오는 것이지요. 집에 우리가 들어가는 것이 아니라 집이 우리를 삼킨 것이라 상상한다면 우리는 내면의 중얼거림을 통해 자신을 발견하게 되는 것입니다.

　오늘 식탁 위에 생선 한 마리가 통째로 구워져 올라왔습니다. 생선 살을 바르던 중에 생선 위에서 더 작은 물고기가 툭 하고 삐져나왔지요. 참 재미있는 상상입니다. 작은 물고기가 그보다 큰 물고기의 배 속에 온전히 있고, 큰 물고기는 이보다 더 큰 물고기의 배 속에 삼켜질 것이며, 우리는 대지와 바다로부터 제공된 이 물고기를 삼키려 탁자에 앉아 있습니다. 더욱이 우리도 집에 삼켜져 있다는 바슐라르의 문학적 상상은 우리를 이러한 먹이사슬의 그물에 편입시킵니다. 이제 우리 자신을 세우기 위해 내면의 무의식, 중얼거림, 투정을 입 밖으로 내뱉어야 하며, 그 소리에 귀 기울여야 합니다.

모방하고 싶은 타인의 욕망은 나 밖의 세계

'먹는다'는 것은 모든 이에게 생명에 관한 일입니다. 그래서 자연적이지요. 사람들은 몸에 좋은 것을 찾으며, 교육을 통해 먹는 것을 배웁니다. 누구라 할 것 없이 사람들은 서로 그들의 몸에 좋은 것을 알려 주고, 음식의 맛을 보편화하지요. 사람들이 자기가 좋아하는 음식과 싫어하는 음식을 알고 말할 수 있는 것도 음식에 대한 보편적 기준이 마련되었기 때문입니다. 먹는 것에 대한 개인의 욕망이 다른

'먹는다' 는 행위는 인간의 생존 본능입니다. 그리고 먹는 행위 속에는 욕망이 자리 잡고 있습니다.

사람의 욕망과 같아지는 것입니다.

사회학자 삐에르 브로디유는 "각자 태어난 세계가 있다."고 말했지요. 할머니, 할아버지, 어머니, 아버지가 만들어 준 세상입니다. 시간이 흘러도 부모님들에게서 물려받은 습관과 정서는 쉽게 변하지 않는답니다. 우리가 중산층이라 부르는 사회의 구성원들은 이렇게 부모님으로부터 물려받은 중산층의 문화적 코드를 가지고 있습니다. 그리고 이러한 코드는 다음 세대에 또 이어지는 것입니다. 예를 들어 부모님과 일상적으로 박물관을 찾아가고, 정기적으로 골동품상과 미술관을 찾아가는 것은 부모님이 만들어 주는 '취향' 의 세상입니다. 사람들은 부모님의 취향을 통해 좋아하는 사물과 직접적으로 친숙한 관계를 맺는 것입니다. 그리고 부모님의 취향은 습관의 가장 깊은 곳에서 흔쾌함과 혐오감, 공감과 반감, 환상과 공포증을 불러 일으킵니다. 같은 대상이 어떤 이에게는 호화스러움이나 아름다움으로 그리고 어떤 이에게는 구차함이나 조잡함으로 다르게 보입니다. 이 모든 것이 부모님이 만들어 준 세상의 차이에서 오는 인상들입니다. 한마디로 각 개인은 자신이 속한 세계에서 통용되는 좋고 나쁨, 유쾌함과 불쾌함, 고상함과 허영 등의 판단기준을 가지고 있습니다. 이것이 곧 태어난 세계의 질서입니다. 브르디유가 주목한 태어난 세계는 정서적 뿌리가 깊습니다. 그래서 태어난 세계가 멀리 사라지거나 몰락해도 이미 습득한 내용은 아주 오랫동안 계속된답니다. 모든 사람은 정말 끈질기게 그 세계에 대한 향수를 느낍니다. 기업가, 자유업 종사자, 상급 관리자, 교육자, 생산직 노동자들의 세계가 구별되어 존재합니다. 각각의 세계는 그 나름의 가치와 미적 기준을 가지고 있습니다.

무엇보다도 어머니의 세계가 사람들에게 큰 영향을 끼칩니다. 어머니의 세계가 원초적 미각의 즐김과 최초의 먹을 것의 세계를 결정하고, 좀 더 크게는 문화 상품에 대한 기호의 원형이 되기 십상인 것입니다. 만약 사람들이 자기가 체험한 원초적 맛의 재현을 경험한다면, 그들은 완전한 기쁨을 느낄 것입니다. 왜냐하면 부모님으로부터 물려받은 취향은 가장 분명하고 지우기 힘든 기억으로 남아 있기 때문입니다. 한 사람의 음식 취향은 그가 태어난 세계를 가장 잘 보여 줍니다.

음식 취향은 어머니의 사회적 위치에 따라서도 달라집니다. 그래서 차려 놓은 음식상은 경제적·문화적 위계 안에서 각 개인이 차지하는 협소한 위치를 가리키는 지수입니다. 이를테면 어떤 사람이 사회적 위계의 상층부로 올라갈수록 가계의 지출 중 식비가 차지하는 비율이 감소하고, 의류·미용·화장품 등 외모와 관련된 지출의 비율이 상승합니다. 기업가나 상급 관리자의 특성을 띠는 것입니다. 외식의 횟수도 많아지는데 이는 평범한 현실을 벗어나려는 욕망에서 기인한 것입니다. 이러한 사람의 음식 소비 내용을 보면 기름기 없고 가벼운 음식과 살찌지 않는 음식(쇠고기, 송아지 고기, 신선한 야채, 생선회, 해산물)을 선호합니다. 왜냐하면 상급 관리자나 기업가에게는 외적인 상징, 즉 날씬한 몸이 중요하여 절제된 생활 습관을 유지해야 하기 때문입니다. 이들은 지위 상승에 대한 희망에 부풀어 다른 사람들과 함께 인테리어가 잘 된 레스토랑에서 시간을 보냅니다. 이 또한 평범한 현실을 벗어나려는 욕망을 드러낸 것입니다.

이와는 대조적으로 생산직 노동자의 식품 소비 유형을 보면 지방질이 많아 소화되기 힘들고 살찌기 쉬운 음식이나 값이 싼 음식(소시지, 햄, 면류의 탄수화물, 삼겹살, 돼지고기)과 소주나 맥주 같은 술 소비가 높은 비율로 나타납니다. 그들은 먹고 마실 때 상대적으로 자유롭습니다. 왜냐하면 그들은 날씬함을 선호하는 암묵적 강제에 구애받지 않기 때문입니다. '즐거운 삶'이라는 새로운 윤리 기준에 따라서 음식을 소비합니다. 현실적으로 보면 생산직 노동자는 필요에 따라 음식을 소비합니다. 영양가 있고 값싼 먹거리를 찾습니다. 가장 적은 비용으로 노동력을 재생산해야 할 필요성에서 이러한 소비 행태를 택하게 되었다고 추론할 수 있습니다. 생산직 노동자들이 양복을 입을 기회가 많지 않으니 외모에 신경을 상대적으로 덜 쓰게 되는 것도 사실입니다. 따라서 장래에 예견된 만족을 위해 목전의 만족을 희생하려 하지 않습니다. 이들은 실용적이며 물질적인 음식, 즉 가격과 칼로리 모두에서 풍부하고 소화하기 힘든 음식을 선호합니다. 고기 소비는 제대로 힘을 쓸 수 있도록 하기 위해 강요된 선택입니다.

상급 관리자나 기업가 등이 태어난 세계와 생산직 노동자가 태어난 세계는 가정의 문화적·정서적 전통에 의해 구분되어 있습니다. 그러나 모방의 욕망에 의해 혹은 음식을 자원으로 인식하는 대량생산-대량 소비 구조로 인해 각각의 태어난 세계는 서로 뒤얽힙니다. 생산직 노동자들은 기업가나 상급 관리자가 고급스러운 레스토랑에서 음식을 먹는 것을 모방하고 싶어 합니다. 역으로 상급 관리자나 기업가는 생산직 노동자들이 자유롭게 먹는 방식을 모방하고 싶어 합니다. 실제로 사무직 노동자, 교육자, 자유업 종사자들도 칼로리가 높고 지방이 많은 육류를 소비합니다. 골목마다 즐비하게 늘어

집 밖의 세상은 식재료의 그램까지 정하는 질서의 세상입니다. 우리의 미각마저 상품화된 맛에 맞추어져 갑니다.

선 고깃집에서 넥타이를 맨 사무직 노동자들이 삼겹살과 소주를 먹는 모습을 보는 일은 흔한 일상이 되었습니다.

이러한 욕망의 얽힘 현상은 음식의 대량생산 시스템과 자극적 광고 때문이라고 볼 수 있지요. 세계적인 산업화 과정의 진전에 크게 이바지한 포드 자동차 조립 라인과 연속 공정 기술은 음식 분야에도 도입되었습니다. '음식의 산업화'가 추진된 것이지요. 이렇게 되면 타고난 세계의 얽힘 현상은 더욱 피할 수 없게 됩니다.

'집이 우리를 삼켰다.'는 문학적 상상력으로부터 밥투정은 우리의 속마음을 드러내는 정보입니다. 그리고 집 밖의 세상은 식재료의 그램(무게 단위)까지 정하는 질서의 세상입니다. 바로 타고난 세상의 구별 속에서 우리는 문화적·정서적 소외를 경험하게 됩니다. 다른 사람이 타고난 세상에서 내가 음식이 되고 음식이 내 안에 들어와 내가 자연을 경험하는 일은 있을 수 없습니다. 모든 것이 규격화되고 상품화되었기 때문입니다. 우리의 미각마저 상품화된 맛에 맞추어진 것입니다.

다행히 오늘날 사람들은 조금씩 먹는 것, 몸, 그리고 환경을 하나로 인식하기 시작했습니다. 화학 제품이 들어 있지 않은 유기농산품을 찾기 시작했으며, 버려지는 음식을 줄이려는 노력이 시작된 것입니다. 또 오염되지 않은 자연을 후손에게 물려 주어야 한다는 생각이 확산되고 있으며 결정적으로 이렇게 자연과 음식을 함께 생각하는 것이 우리 몸에도 좋다고 생각하게 되었습니다. 아마도 음식, 몸, 생태를 하나로 인식하는 것은 대량생산-대량 소비 사회의 문제가 낳은 필연적 결과일 것입니다. 결과적으로 나를 둘러싼 세계는 나의 의지에 배반하는 세상입니다. 내가 선택한 것을 먹는 듯하나 사실은 제품화되고 표준화된 것을 소비하는 것일 뿐입니다. 여기서 우리의 먹고 싶은 욕망은 우리의 진짜 욕망이 아니라 대량 소비 사회가 생산해 낸 허구적 욕망입니다. 이 대량 소비 시스템 때문에 우리는 스스로 인지하지 못한 외상을 입을 수밖에 없습니다.

음식 투정과 모방 욕구의 변증법은 자기 발견

집이 우리를 삼켰습니다. 그러나 우리는 소화되지 않고 집에서 다시 나왔습니다. 이것은 문학적 상상력의 표현입니다. 우리 기억 속에서 '집이 우리를 삼켰다.'는 사실은 행복한 상상이고 유쾌한 몽상입니다. 왜냐하면 벽으로 둘러싸인 집에서 우리는 은밀한 나만의 투정과 중얼거림을 할 수 있기 때문입니다. 집에 있다는 것은 편안함을 누린다는 것을 말합니다. 그런데 우리는 집에 고립되어 있을 수 없습니다. 집이 우리를 삼키는 것은 순간적이기 때문입니다. 다시 집밖으로 나와야 합니다. 내 의지가 관철되지 않는 세상으로 나와 다른 사람과의 관계 속으로 들어가야 합니다. 그래서 마치 매일 음식을 섭취해야 삶이 유지되듯이 집이 우리를 삼키는 것과 우리가 집에서 나오는 것은 반복되어야 합니다. 집이 우리를 삼킨 동안 우리가 자신의 본성을 발견한다면, 우리는 필요나 필연에 의해 운행되는 세상에서도 우리 몸에 맞는 음식을 소비할 수 있을 것입니다.

　모든 것이 산업화 그리고 시스템화 된 세상에서 내 고유한 취향과 이상을 고집하는 일은 쉬운 일이 아닙니다. 아무리 고지식하고 신중하며 신념에 따라 행동하는 사람이라도 필요와 필연에 의해 운행되는 세상에서 벗어날 수는 없으니까요. 좋아 보이는 것, 먹음직스러운 것, 지혜롭게 보이는 것에 대한 모방 본능도 필요와 필연의 세상이 만든 허구적 욕망입니다. 그러나 어찌해 볼 수 없을 것 같은 대량 생산 시스템의 세계에 맞서 조금씩 음식, 몸 그리고 생태가 하나라는 생각이 확산되고 있습니다. 자신에게 맞는 음식과 식재료를 의식적으로 찾는 이들도 늘고 있습니다. 지금은 비록 소수이지만 유기농 밀을 직접 제분한 밀가루를 사기 위해 한적한 시외의 방앗간을 기꺼이 찾는 이들도 증가 추세에 있습니다. 이 모든 변화는 집이 우리를 삼킨 동안 우리가 우리 본성을 발견했기 때문에 가능하지 않았을까요? 나는 그렇다고 생각합니다.

천천히 먹으며
천천히 살자는
슬로푸드 운동

이 시대의 슬로푸드 운동이란

류제동

성공회대학교 연구교수

패스트푸드에 대한 저항으로서 시작된 슬로푸드 운동

생각의 속도, 변화의 속도라는 말이 유행하며 압도하는 시대입니다. 아무리 좋은 것이라도 속도를 맞추지 못하면 뒤처진다며, 생존경쟁에서 이기려면 빠르게 해야 한다는 주장이 횡행하고 있습니다. 1등이 아니면 아무 소용없다며, 경쟁에서 이기는 것을 최고로 여기며 살아야 한다고 부추기는 세상입니다. 그러한 세상에 대하여 달팽이처럼 천천히 움직이며 살아가자고 나선 사람들이 있습니다. 그 사람들이 바로 슬로푸드 운동의 선구자들입니다. 슬로푸드 운동은 먹거리를 중심으로 전개되는 운동이지만, 먹거리를 넘어서 우리 삶의 태도 전반에 대해서 잠시 숨을 돌리고 돌이켜 볼 것을 이야기하는 운동이기도 합니다. 과연 이 속도 중시의 시대에 달팽이처럼 천천히 가면서 살아갈 수 있을까요? 아니 살아남을 수 있을까요?

슬로푸드를 이야기하려면 패스트푸드를 언급하지 않을 수 없게 되는데요. 슬로푸드는 1986년 이탈리아 로마에 패스트푸드를 상징하는 맥도널드 1호점이 개점한 것에 대하여 저항하면서 시작된 운동입니다. 패스트푸드는 말 그대로 빨리 조리하고 빨리 먹을 수 있게 되어 있는 음식입니다. 그리고 그렇게 빨리 조리하고 빨리 먹을 수 있도록 조리 과정과 식사 과정이 최대한 단순하게 되어 있는 음식입니다. 그리고 패스트푸드는 체인점을 통하여 전 세계 사람들이 획일적인 방식으로 똑같은 음식을 먹을 수 있도록 표준화되어 있습니다. 이러한 방식은 단시간 내에 충분한 열량을 섭취하고 나머지 시간은 산업 전선에서 바쁘게 일하면서 경쟁에서 이기라고 정신없이 우리를 몰아가는 세계 자본주의 체제에서 비롯된 것이기도 합니다.

식량 주권 운동으로서의 슬로푸드 운동

슬로푸드 운동은 위와 같은 패스트푸드와 정반대의 길을 가고자 하는 운동입니다. 전 세계적인 체인망을 바탕으로 획일적인 맛을 추구하는 패스트푸드에 대하여 로컬 푸드, 곧 지역 음식의 전통적인 맛을 복원시키고자 하는 운동입니다. 이러한 운동이 탄력을 받게 되는 것은 지역에서 생산하는 음식을 지역에서 소비하는 식으로 식량 문제를 해결해 나가는 것이 바람직하다는 주장이 설득력을 얻어 가면서부터입니다.

대량생산 농업이 인류의 식량문제를 해결해 주리라는 기대는 이미 무너져 가고 있습니다. 오히려 생태계를 파괴하는 것은 물론이고, 병충해에 취약해서 농약 사용을 늘리게 하고, 땅의 생산성을 유지하기 위하여 화학비료를 광범위하게 사용하게 하며, 대규모 농장에서 생산된 식량을 지구 반대편까지 운반하는 과정에서 변질을 막기 위하여 다시 약품 처리를 하면서, 또 그러한 비용을 지불하느라 오히려 식량 가격까지 폭등시키면서, 질 나쁜 음식을 비싸게 사 먹어야 하는 결과가 도래하고 있는 것입니다.

슬로푸드 운동은 이러한 문제 때문에 지역적 식량 주권을 되찾아와야 한다고 이야기합니다. 전 세계적으로 단일화된 식량 시장이 오히려 식량 부족과 가격 급등으로 문제만을 야기하는 현실을 타개하기 위하여, 소규모 지역 단위로 자율적이고 자립적으로 식량 생산과 소비가 이루어져야 한다는 것입니다. 자연친화적인 유기농법이나 소규모 영농을 통해서도, 유통 과정만 잘 관리하고 생산자와 소비자가 긴밀하게 협력한다면, 오히려 대량으로 생산되는 식량보다 품질 좋고 가격도 안정된 식량을 공급받을 수 있다는 것입니다.

이렇게 더 질 좋고 가격도 안정된 식량을 부족함 없이 공급받을 수 있게 된다는 이점이 있을 뿐만 아니라, 슬로푸드 운동은 우리의 삶을 더 의미 있게 하고 행복하게 하는 방식으로 음식을 먹자는 운

슬로푸드는 느긋하게 함께 어울려 식사하면서 여유롭게 살아가는 것이 삶을 더 풍요롭게 한다는 진실을 깨닫게 합니다.

동입니다. 우리의 식사가 단지 노동에 필요한 에너지를 보충하는 수단으로서의 과정에 불과한 것이 아니라, 그 자체로 의미 있는, 즐겁게 함께 나누는 문화 활동이라는 점을 잊지 말자는 데에 슬로푸드 운동의 근본정신이 있습니다. 사람을 획일적인 기준에 따라 줄을 세우고 서열화하는 승자 독식의, 제로섬게임 식의 삶을 강요하는 패스트푸드와 달리, 슬로푸드는 사람들이 서로를 물리쳐야 할 경쟁 상대이자 적으로 바라보지 않고 느긋하게 함께 어울려 식사하면서 여유롭게 살아가는 것이 오히려 모두의 삶을, 그리고 각 개인의 삶을 더 의미 있고 풍요롭게 한다는 진실을 깨닫게 해 줍니다.

계량화하고 서열화하면서 경쟁을 부추기는 자본주의 체제의 허황된 모순을 간파하고, 각 개인의 삶을 이끌어 가는 추진력이 남을 누르고 밟고 올라서는 경쟁력에 있는 것이 아니라 차분히 자신의 삶을 살아가고 음미하면서 서로에 대한 사랑을 발견하는 데 있다는 것을 슬로푸드 운동은 일깨워 줍니다. 그렇게 속도에 쫓기며 살지 않아도, 경쟁하면서 살지 않아도 지금 우리가 가진 것만으로도 충분히 여유롭게 삶을 즐기면서 함께 지낼 수 있다는 것을 새삼 깨닫게 해 줍니다.

온전한 삶을 회복하기 위한 슬로푸드 운동

공장에서의 대규모 생산이 아니라 소규모 영농을 통해서, 우리가 주말이면 직접 가 볼 수 있는 가까운 거리에서 생산되는 농작물은, 그 농작물로 만들어진 음식에 대하여 정감을 갖고 바라볼 수 있게 해 줍니다. 또한 허겁지겁 아무런 의미도 없이 그저 열량과 영양분을 보충하기 위하여 먹는 것이 아니라, 그 농작물이 커 가는 과정에 있었던 농부의 구체적인 손길과 그 지역에서 부는 바람, 내리쬐는 햇살, 쏟아지는 비를 구체적으로 떠올리면서, 내 밥상에 오르는 음식이 존재하기 위하여 온 우주가 협력하고 있다는 것을 생생하게 느끼게 해 줍니다.

　슬로푸드 운동은 생산자와 소비자 사이의 거리가 가까운 점을 십분 활용하여 생산 현장 견학을 통한 소비자 인식 제고를 용이하게 할 뿐만 아니라, 그러한 작물이 자라는 지리적·기후적 환경, 그 작물 조리법에 얽힌 설화나 역사적 배경을 이해함으로써 우리가 살아온 터전에 대한 애정을 도탑게 합니다.

우리 민족의 음식 문화는 우리 민족의 수천 년 역사를 통하여 형성되어 온 것입니다. 우리의 지역 음식에는 그 지역 사람의 삶의 애환과 희로애락이 담겨 있습니다. 예컨대, 우리 조상들은 기근이 심할 때 초근목피로 연명했다고 하는데, 지금도 소나무 속껍질이나 칡뿌리로 음식을 만들어 먹는 조리법이 전해져 오기도 합니다. 한참 굶주려서 힘이 없는 채로 칡뿌리를 캐려고 구덩이를 깊이 팠다가 너무 힘이 없어서 그 구덩이에서 나오지 못하고 죽는 사람도 있었다고 합니다. 소나무 속껍질을 얻으려고 겉껍질을 벗겨 내고 마침내 속껍질을 벗겨 낸 뒤에는, 그 소나무가 죽지 않도록 상처 낸 부분에 진흙을 이개어 발라 주고 잘 감싸 주어 낫도록 했다고 합니다.

그렇게 힘겹게 얻은 소나무 속껍질이나 칡뿌리를 우리가 소화할 수 있는 음식으로 만들기 위해서는 다시 방아로 한참 동안 찧어서 부드럽게 하고 가루를 내고 삶는 등의 복잡한 과정을 거쳐야 합니다. 그렇게 만들어진 음식도 입안에서 한참을 제대로 씹어야 위에서 부담 없이 소화시킬 수 있습니다. 식재료를 캐내고 조리하고 식사를 하고 소화시키기까지 전 과정이 슬로푸드라고 할 수 있는 것이지요. 이는 우리 조상들이 삶을 유지하기 위한 힘겨운 과정이기도 했지만,

슬로푸드 운동은 전 세계적인 체인망을 바탕으로 획일적인 맛을 추구하는 패스트푸드와
정반대의 길을 가면서 지역 음식의 전통적인 맛을 복원하려는 운동입니다.

그 하나하나가 스스로를 살리고 생태계를 살리는, 곧 생명을 살리는
신성한 과정이기도 하고 기쁨을 만끽하는 과정이기도 했습니다.

칡뿌리나 소나무 속껍질은 슬로푸드, 말 그대로 천천히 먹는 음
식으로서도 제격인데다가, 칡뿌리를 씹으면서 입안 가득히 퍼지는
맛을 음미하는 것도 또 하나의 즐거움이 될 수 있습니다. 이러한 음
식들은 섬유질이 풍부하기 때문에 소화가 더디지만 그것이 오히려

우리의 장을 튼튼하게 하고, 우리 몸에 꼭 필요한 미량 영양소들도 넉넉해서 오늘날의 관점에서 보더라도 영양식이라고 할 수 있습니다. 입안에서 음식을 오래 씹으면 사각턱이 된다고, 브이라인 얼굴을 만들지 못하게 된다고 겁낼 수도 있지만, 적당하게 음식을 씹는 과정은 치아와 턱뼈를 튼튼하게 하는 과정으로서 어린 아이의 성장에도 성인의 건강에도 꼭 필요한 것입니다.

이 바쁜 세상에 왜 그렇게 느려 터진 식사를 하느냐고 타박하는 사람들도 있을 수 있습니다. 하지만 그 과정 하나하나가 우리가 환경과 자연을 배워 가는 과정이고 그것과 함께하는 즐거운 과정이라고 할 수 있습니다. 우리 조상들이 그 어려웠던 살림살이에도 불구하고 산천초목을 얼마나 사랑했는지를 직접 체험하면서 배우고 느끼는 과정인 것입니다.

우리가 왜 그렇게 바쁘게 사는지 스스로 묻고 반성해 볼 필요가 있습니다. "열심히 일한 당신, 떠나라!"라는 광고의 발상은 자칫하면 우리의 삶의 바탕으로서의 노동을 화려한 휴가를 떠나기 위한 고되고 힘든 준비 과정으로 만들어 버릴 수 있습니다. 어쩌면 현대 산업 문명의 비극은 대량생산 체제 속에서 우리의 삶의 바탕인 노동을 기계적인 작업으로 파편화하고 단순화시키고 부속품화한다는 데 있습니다. 그럼으로써 우리는 삶을 온전히 누리지 못하게 되고 오히려 기계의 노예가 되어, 공장 내에 특별히 공해가 없다고 하더라도 특정 근육만 반복 사용함으로써 몸을 망치게 될 뿐만 아니라, 더 나아가 스스로의 노동을 즐거운 행위로 인식하지 못하고 그저 생존을 위해서 마지못해서 하는 고역으로서 수행하게 되는 것입니다. 이렇게 되면 그 결실로 얻게 되는 휴가라는 것도 전혀 생산적이지 않고 소비적이기만 한 왜곡된 시간이 되어 버리고 맙니다. 미래에 누릴 행복을 위해서 현재의 행복을 유예하고 포기하는 방식의 노동은 건강한 노동이 아닙니다. 노동에 대한 정당한 대가도 중요하지만, 노동 자체가 우리 삶의 한 과정으로서 즐겁고 의미 있는 작업이어야 하는 것입니다.

생태계를 살리기 위한 슬로푸드 운동

슬로푸드 운동은 환경을 보호하고 나아가 생태계를 보전하는 운동입니다. 빠르게 온갖 다양한 자극적인 맛, 특히 온갖 육류의 자극적인 맛에 길들여진 현대인은, 자신의 미각이 기형화되어 있다는 것을 되돌아볼 수 있어야 합니다. 설상가상으로, 자신의 그러한 미각을 만족시키는 데 필요한 육류 생산을 위하여 대규모의 공장식 사육장에서 수많은 동물들이 얼마나 비참하게 사육되는지를 알아야 합니다. 그리고 지구 생태계가 감당할 수 없을 정도로 많은 수의 식육용

경주에서 이기려고 쉼 없이
전진하는 거북이는 진정
행복할까요?

동물들을 감당하느라고 자연이 얼마나 심각하게 훼손되는가를 깨
달아야 합니다.

우주 시대라고 하지만, 머지않은 장래에 우주에 식민지를 개척해
서 대규모의 인구를 이전시킬 가능성은 그다지 높아 보이지 않습니
다. 그러므로 우리는 후손들도 잘 살 수 있도록 지구의 환경을 잘 보
존해서 물려주어야 합니다. 그러려면 육식 위주의 식생활은 바람직
하지 않다는 것을 자각하고, 완전 채식은 아니라 하더라도 채소가
주식이 되고 육식은 부차적인 차원에 머무르는 식으로 식생활을 바
꾸어 나가야 합니다. 특히 우리 민족은 체형이 채식 위주의 식사에
더 알맞게 되어 있습니다. 현대 한국인의 비정상적인 육식 선호는
환경 파괴를 낳을 뿐만 아니라, 우리 자신의 몸이 각종 병증에 시달

리도록 하는 결과를 가져옵니다. 오늘날 대장암이나 유방암이 한국 인들에게서 사이에서 증가하는 추세는 우리 민족에 맞지 않는 육식 위주의 서구적 식생활이 확대된 것과 밀접한 관계가 있다는 것은 이미 상식이 되었습니다. 우리 지역에서 생산되는, 우리의 체형에 알맞은 음식 위주로 식생활을 꾸려 나가는 것이 절실하게 요청된다고 하겠습니다.

더 많은 음식, 더 맛있는 음식, 더 이색적인 음식을 제대로 소화하는 과정도 생략한 채 섭취하려다가 우리의 몸뿐만 아니라 우리의 삶, 나아가 환경을 황폐화하지 말고, 우리 삶 터 주변에서 생산된 유기농 음식들로 슬로푸드 식단을 구성함으로써 우리 삶을 진정으로 풍요롭게 하고, 우리 생태계를 되살릴 수 있어야 할 것입니다.

느리게 살아가는 것은 시대에 뒤처지는 방식인가?

우리는 토끼와 거북이의 경주 이야기를 알고 있습니다. 토끼는 빨리 달릴 수 있지만 꾸준하게 노력하지 않아서 쉼 없이 전진하는 거북이에게 경주에서 지고 말았다는 것이지요. 우리가 재미 삼아 경주를 할 수 있다는 것을 부정할 필요는 없을 것입니다. 그러나 과연 우리의 실제 삶도 토끼와 거북이의 경주 같은 것일까요? 내가 이겨야만 삶의 의미가 있는 것일까요? 자기가 전진할 수 있는 속도가 느리더라도 경주에서 패배하지 않기 위하여 쉬지 않고 나아가야 하는 것일까요? 음식을 먹는 행위조차 그렇게 처절한 과정의 일부가 되어야 하는 것일까요?

누구에게나 똑같이 경제적 성공이라는 잣대로 경쟁을 강요하는 사회가 건강한 사회일까요? 경제적 성공을 못한다면 권력이나 명성이라도 얻어야 한다고 부추기는 사회가 건강한 사회일까요? 그러한 경쟁에서 이기지 못한 사람은 루저 취급을 받는 사회가, 극소수의 성공한 사람과 대다수의 루저로 구성된 사회가 건강한 사회일까요? 우리 삶의 과정을 수단화하고 무의미하게 하고 죽은 시간으로 만들고, 우리 이웃들을 함께 살아가고 함께 즐기고 함께 행복을 누릴 다정한 존재들이 아니라 밟고 넘어서야 할 적으로 간주하게 하는 전 세계적 경쟁 주도의 사고에 지배당한 채로 살아가도 좋을까요? 패스트푸드에 점령당하는 우리 식생활을 그냥 두고 보고만 있어야 할까요?

여기에 슬로푸드 운동이라는 대안이 있습니다. 우리는 경주에서 이기려고 쉼 없이 전진하는 거북이나, 결승점에 골인한 거북이를 질시하는 토끼를 벗어나서, 우리를 경주의 틀 속에 속박하고 세뇌시키는 시스템 자체에 저항할 필요가 있습니다. 우리를 그러한 틀 속에 묶어 두려는 체제를 과감하게 박차고 나오는 것이 두렵고 떨리는 일일 수도 있겠습니다. 하지만, 그러한 틀이 허상이라는 것을 당장 깨닫지는 못한다고 하더라도, 적어도 먹는 것만큼은, 식사 시간만큼은 그러한 모든 계산을 내려놓고 천천히 음식을 음미해 보는 것을 시작해 볼 수 있을 것입니다.

오랜 시간이 걸리는 조리 과정을 직접 체험하면서 앞선 사람들이 그 조리법을 고안해 내는 맥락이 어떠했을까를 떠올릴 수 있을 것입니다. 가까운 유기농 농장을 견학하고 작물이 성장하는 것을 직접 관찰하면서, 생명의 경이를 느끼고, 우리도 지구 생태계의 일원이라는 것을 자각할 수 있을 것입니다.

느릿느릿 움직이는 달팽이나, 세상에서 제일 게으르고 느린 동물이라는 나무늘보도 당당하게 지구 생태계의 일원이고, 아직까지도 멸종하지 않고 자신의 삶을 유유자적하게 즐기면서 살아가고 있습니다. 세상은 생존경쟁의 도가니라는 생각을 갖고 사는 사람들에게는 달팽이나 나무늘보의 생존이 이상하게만 보일 수도 있겠습니다. 부처 눈에는 부처만 보이고 돼지 눈에는 돼지만 보인다는 말이 있습니다. 만물의 영장이라는 사람이라고 할지라도 어떤 안목을 가지느냐에 따라서 식생활을 비롯한 삶의 과정을 어떻게 바라보고 살아가느냐에 따라서, 진정으로 만물의 영장답게 살 수도 있고, 어쩌면 나무늘보나 달팽이만도 못한 삶을 살아갈 수도 있습니다. 선택은 지금 여러분 각자의 몫입니다.

채식,
사람과 지구를 살리는
밥상혁명

육식, 생명을 단축시키는 식습관

고용석
생명사랑 채식실천협회 대표

기후 변화와 밥상

기상이변이 일상화되고 있습니다. 기후 변화와 밥상의 선택이 동전의 앞뒷면 같다는 것이 오늘날 인류의 현실입니다. 세계은행에서 연구하여 세계적 권위지인 〈월드워치 매거진〉에 발표한 자료에 따르면 축산과 그 부산물은 전체 온실가스 배출량의 최소 51% 이상을 차지하고 단지 식단을 바꿈으로써 기후 변화뿐만 아니라 삼림 회복, 토지와 자원 재분배, 생물 다양성 보존 그리고 건강의 경제적 비용 절감을 동시에 해결할 수 있다고 합니다. 개인적이고 사소해 보이는 밥상의 선택이 글로벌한 위기와 연결된 이 얼마나 놀랍고 한편으론 두려운 일입니까? 또한 이 얼마나 결정적 기회인가요? 이미 유엔은 전 세계가 기아와 에너지 위기, 빈곤, 기후 변화의 영향에서 살아남기 위해서 절대 다수의 세계인이 채식으로 전환할 것을 요구하고 있습니다. 어느 누구도 본인이 직접 농부들의 삶을 파괴하고 토양과 물을 오염시키며, 동물과 인간의 존엄성을 짓밟고 다른 사람의 식량

실로 끔찍한 것은 동물의 고통과 죽음이 아니라, 인간이 아무 필요도 없이 생물에 대한 연민과 자비심을 짓뭉개고, 잔인한 폭력을 자신에게 행사한다는 사실이다. 채식은 인도주의에 대한 엄격한 시험대이다.

- 톨스토이

을 빼앗아 사람들을 굶주리게 하는 세상을 선택하진 않을 겁니다. 깨달음의 첫 단계는 바로 지금, 우리가 다른 선택을 할 수 있음을 아는 것입니다. 음식의 선택이 실제 세상을 바꿉니다.

상식과 심오한 가치가 반영되는 경제생활의 재창조

곡물을 재배해서 동물에게 먹이고 그 동물(고기)을 먹으면 고기를 생산하는데 들어가는 곡물과 토지, 물, 에너지 등 자원의 1~6%만을 인간이 이용하는 셈이 됩니다. 이런 낭비와 비효율성은 우리 시대의 가장 중대한, 그러나 거의 인식되지 않은 문제 중의 하나입니다. 어떻게 해서 공장식 사육이 폭발적으로 늘어나게 됐을까요? 미국의 닉

슨 행정부는 영세농들을 보호해 왔던 뉴딜 법안을 폐기하고 대량생산, 현대화, 통합, 중앙 집중화를 통해 농업을 세계화 하는 길을 선택합니다. 1974년 이 계획을 발표한 후 1년 만에 자영농 수가 540만 명에서 230만 명으로 줄어들고 농민 1인당 평균 경작지는 두 배로 늘어나게 됩니다. 과잉 생산된 옥수수는 가축에게 먹여지고 그 덕분에 '가축 공장'도 우후죽순 생겨납니다. 이는 인간의 비만을 유발하는 것을 포함하여, 환경과 동물에게 재앙과 같은 결과를 가져오는 전기가 됩니다. 고기와 곡물은 어느 정도 소비하면 그 한계가 있어 부가가치가 더 이상 높아지지 않습니다. 당연하게 수익 극대화를 좇는 거대 기업들은 대량생산되는 곡물과 고기를 이용하여 부가가치가 높은 식품 가공 산업을 확장하게 됩니다. 거기에 1974년에 모든 가공식품에 모조품이라 표시해야 하는 모조식품법이 폐기되고 뒤이어 불어온 영양주의 열풍 그리고 HFCS(옥수수고과당시럽)의 발명이 한몫합니다. 농업 부문에서의 대량생산과 축산업 그리고 식품 가공 산업은 이렇게 맞물려 확대재생산됩니다. 참고로 1995년부터 2005년까지 식품 생산에 대한 미국 연방보조금은 곡물이 전체 금액의 13.23%, 육류·유제품은 73.80%로 곡물과 고기 생산에 무려 87%의 보조금이 투입됐습니다. 여기에 수산자원의 고갈 문제가 구조적으로 연결됩니다. 전 세계에서 남획되는 물고기의 절반 이상이 가축 사료로 사용되기 때문입니다. 또한 곡물의 상당 부분이 가축뿐만 아니라 바이오 연료 생산에도 투입되기 때문에 사실상 식량 경제가 에너지 경제와도 결합되어 있는 현실입니다. 이 때문에 개도국의 육류 소비가 곡물가 상승을 가져오고 유가 상승과도 이어집니다. 이는 세계경제의 안정을 해치는 불안정한 요인이 되고, 그 영향력은 구조적으로 시간이 갈수록 커질 수밖에 없습니다. 이렇듯 과도한 육식은 인류의 오랜 농경 관습과 식품 분배 유형에 이르기까지 산업 경제 전반을 근본적으로 왜곡시켰습니다. 인류가 사용하는 농경지의 80%를 육류 생산에 투입하고, 물의 70% 정도를 육류 생산에 쓰는 것만 봐도 알 수 있습니다. 밥상의 선택은 이러한 산업구조를 바꾸며 상식과 심오한 가치가 반영되는 경제생활의 재창조를 알리는 알림장과 같습니다.

지속 가능한 식품 체계를 위하여

근본적 식량 위기가 휘몰아칩니다. 기후의 파행적 변화 속에 세계 인구도 계속 급증하고 있습니다. 수자원과 석유의 고갈도 심각합니다. 식량문제는 정말 급박한 인류의 당면 과제라는 것을 알고 있는지요? 오늘날 전 세계 곡물의 1/3 이상과 콩의 90%가 가축에게 먹여집니다. 이는 역사상 유례가 없는 일입니다. 한쪽에서는 먹을거리가 없어서 굶어 죽어 가고, 다른 한쪽에서는 고기를 얻기 위하여 소에게 곡물을 먹이며 키우는 상황이 비극적이면서도 우스꽝스럽지 않습니까? GMO(유전자 변형 작물)를 비롯하여, 공장식 영농과 집약식 사육으로 조성된 대량생산 방식을 통해 글로벌 식품 체계는 급증하는 세계 인구를 부양할 충분한 식량을 생산하는 데 나름 성공하는 것 같았지만 그에 못지않게 엄청난 부작용을 드러냈습니다. 신종플루·조류독감 등의 전염병과 불량 식품으로 인한 사고, 치명적 환경 파괴와 자연의 생산 능력 고갈 및 비만과 기아의 양극화 등이 그 사례입니다. 더 심각한 것은 근본적으로 이 시스템의 전제 조건이라 할 수 있는 안정된 기후와 풍요로운 물, 값싼 에너지가 더 이상 가능하지 않다는 사실입니다.

분명한 대안적 방향은 유기농업, 도시농업 등을 통해 지역에서 생산되는 식품을 더 많이 활용하는 방향으로 식품 생산-소비 시스템을 개선해야 한다는 것입니다. 만약 식품 소비의 지역화와 식품 시스템의 안정과 지속 가능성을 높인다면, 그다음의 과제는 단순히 현재 생산 활동의 외부 비용을 낮추는 일만이 아니라 20~40억 명의 새로운 인구를 먹여 살리는 체제를 구축하는 일입니다. 연구 결과에 따르면 지속 가능한 대안 체제를 통해 그 어떤 증가 목표를 달성하더라도 인류의 고기 수요를 현재의 1/8 수준으로 줄이지 않으면, 증가하는 인구에게 식량을 안정적으로 공급하는 것은 불가능하다고 합니다. 네덜란드의 경우 돼지고기를 유기적 방법으로 현재의 양만 큼(연간 1,650만 톤) 생산하기 위해서는 전체 영토의 75%가 필요하다는 일례만 봐도 짐작할 수 있습니다. 결국 식량 시스템의 현실과 지향점 사이에 놓인 근본적인 걸림돌은 식량 공급을 늘리는 일이 아니라 식품 수요, 그중에서도 육류 수요를 상당 부분 줄이는 일인 것입니다. 그러므로 소비자들에게도 새로운 식량 경제를 위해서는 육류를 즐기는 식습관을 바꿔야 하는 이유를 교육해야 합니다. 성과를 거두기 쉽지 않을 것입니다. 그러나 포기해서는 안 됩니다. 식량 생산을 지속 가능한 시스템으로 바꾸는 작업은 사실 경제학이 아니라 사고 방식에 관한 것이기 때문입니다.

생명과 생태적 문명을 여는 마중물

인간이란 놀라운 동물인 것만은 분명합니다. 수천만 마리의 야생동물을 가축으로 키워 왔고 또 그렇게 키운 가축을 죽여서 먹습니다. 닭, 돼지, 소가 연간 650억 마리 정도 도살됩니다. 그러나 오늘날 고기를 먹는다는 것은 아무리 너그럽게 보아도 호르몬제·살충제·스테로이드·항생제뿐만 아니라 그 동물이 느꼈을 분노·슬픔·두려움까지 함께 먹는 것입니다. 우리 몸이 격렬한 분노나 공포에 의해 교란되는 것과 마찬가지로 동물들의 몸 또한 도살 직전, 극심한 심리적 고통과 그에 따른 변화를 겪습니다. 따라서 육식을 할 경우 그때 분비된 호르몬의 독소들이 우리 몸에 그대로 스며들게 됩니다. 결국 우리가 육식을 많이 하면 할수록 그만큼 생명을 단축시키는 위험 요소는 점점 많아져 스스로 불행을 초래할 수밖에 없습니다. 오늘날 16억 명에 가까운 사람들이 비만이거나 과체중이며, 이들 중 절반이 암·심장병·고혈압 등 비만이 주요 원인이 되는 만성질환으로 죽어 갑니다. 게다가 이러한 병들의 치료법을 알아내고 신약을 개발한다고 연간 수억 마리의 동물들을 실험용으로 고문하고 죽입니다. 잔인한 폭력을 가해 얻은 결과물을 섭취하는 것은 우리의 몸과 마음을 공격적인 성향으로 변질시킵니다. 우리 마음을 모질게 하여 건전한 감정과 인식을 저해하고, 인간관계에도 두려움과 폭력·억압을 불러 일으키며, 소중한 지구를 함부로 다루며 쓰레기로 뒤덮는 데 앞장서는 일입니다. 무엇보다도 우리의 선천적인 본성, 내면에서부터 사랑하는 관계를 맺는 능력 발휘를 저해합니다. 그 결과로 본성과 행위, 내적 가치와 행동의 단절이 발생합니다. 이 단절이 가져오는 고통을 줄이기 위해 우리는 심리적 완충지대를 구축합니다. 스스로 자신을 물질이나 특정 이념, 계급 등과 동일시합니다. 이것이야말로 모든 것이 상호 공존하고 연결되었다는 사실을 잊게 하고 우리를 근본적으로 무능력하게 만드는 주요 원인입니다.

생명체를 물건으로 전락시키는 육식습관은 행복
추구는 물론이고 올바른 사회도 이룰 수 없다.
- 소크라테스

　반면 채식은 기본적으로 생명을 존중하는 심성을 바탕으로 하는
식습관으로, 건강한 몸과 좋은 품성을 유지할 수 있도록 합니다. 코
끼리, 하마, 토끼 등 초식동물을 관찰하면 비교적 온순하고 평화롭
습니다. 특히 사람은 과일·채소·곡물·콩 등을 지속적으로 섭취할
경우 맑은 정신과 명석한 판단력을 유지하게 하는 에너지가 몸속에
쌓여 높은 의식의 상태로 영적 수준을 높일 수 있습니다. 인간이 타
고난 천성의 관점에서 볼 때 채식은 결코 극단적이지 않습니다. 우
리의 천성은 사랑, 창조력, 영적 계발을 갈구하기 때문입니다. 이런
까닭에 동서양을 막론하고 수많은 철학자들이 채식을 선호했으며,
불교를 비롯해 많은 종교에서도 수행자들에게 채식을 권유했습니
다. 몸과 마음을 정화하고 보편적 윤리관을 회복하기 위해서는 우선

채식을 실천해야 한다는 것입니다. 만약 우리가 진정 서로 연결되어 있음을 열린 마음으로 받아들일 수 있다면 채식은 동물들은 물론이고 우리 자신 그리고 우리가 사랑하는 모든 이들, 나아가 다음 세대에게 줄 수 있는 가장 멋진 선물이 될 것입니다. 우리가 자기 스스로는 물론이고 다른 사람들도 채식을 할 수 있도록 격려하는 것은 너무나 당연한 일인 것입니다.

공감의 확산

최근 연구에 따르면 인간은 이기적 존재가 아니라 공감하는 존재라고 합니다. 공감 능력이야말로 인간의 본성이며 이러한 '공감'이 인류의 문명을 진화시켜 왔다고 합니다. 인간의 본성에 공감적 특성의 씨앗이 이미 뿌려져 있는데 이러한 공감 능력 내지는 공감 본성이 처음에는 가려져 있다가 인류 문명의 진전과 더불어 지속적으로 발현되어 왔다는 사실이 새로이 인식되고 있습니다. 여성·동성연애자·장애인·흑인 등 소수자를 대하는 태도가 크게 바뀌고, 타 민족·타 인종에 대해서도 서로 인정하는 현상이 점차 뚜렷해지는 것은 공감의 문명으로 전환하는 방증입니다. 2002년 독일은 국가의 책임 범위를 동물에까지 확대하여 세계 최초로 헌법에서 "국가는 미래 세대의 관점에서 생명의 자연적 기반과 동물을 보호할 책임을 갖는다."는 내용으로 동물권을 보장하게 됩니다. 한 걸음 더 나아가 2008년 9월 에콰도르는 "생명이 재생산되고 존재하는 자연 또는 어머니 지구는 존재하고 존속할 권리를 갖고 있으며 모든 개인, 공동체, 국가는 공적인 제도 이전에 자연의 권리에 대한 인식을 요구할 수 있다."는 일종의 생물권이라 할 수 있는 조항을 헌법에 명시하였습니다. 그러나 사실 이러한 정신은 수천 년 전에 공포된 우리 건국 이념인 홍익인간에 잘 드러나 있습니다. '인간을 널리 이롭게 한다 [弘益人間].'에서 인간은 동물과 식물, 무생물까지 포함하는 개념입니다. 인중천지일(人中天地一)이라 하지 않았습니까. 사람 속에서 하늘과 땅이 하나라는 말입니다.

현재 인류는 지구온난화로 인한 생물권의 붕괴라는 위기에 직면하고 있습니다. 이는 인류가 일찍이 경험하지 못한 초유의 사태이고, 우리 자신은 이 사태의 원인 제공자이며 동시에 유일한 해결자입니다. 아인슈타인은 "문제를 일으킨 사고방식으로 그 문제를 해결한다는 것은 불가능하다."고 말했습니다. 생물권 의식의 강화와 범세계적인 공감의 확산을 통해서만이 지구온난화로 인한 지구촌 붕괴를 방지하고 인류의 미래를 밝게 할 수 있습니다. 채식은 종차별을 너머 동물과 식물을 포함한 모든 생명이 한가족이라는 확장된 인도주의를 지향합니다.

채식은 기본적으로 생명에 대한 존중을 바탕에서 출발된 식습관으로,
건강한 몸과 좋은 품성을 유지할 수 있도록 합니다.

깨어 있는 소비

식재료로 쓰이기 위해 사육되고 도축되는 동물의 고통, 그 고기를
먹고 그들로부터 이득을 취하는 인간들의 고통, 그 동물들을 먹이는
곡물이라면 충분히 배부를 수 있는 굶주린 사람들의 고통…. 생태계
와 다른 생물, 그리고 다음 세대에 무의식적으로 가해지는 고통은

서로 연관되어 있습니다. 이러한 고통의 상호연관성은 사랑, 보살핌 등과는 반대이며 이는 우리의 새로운 이해를 필요로 합니다. 채식은 내 한몸에 초점이 맞추어져 있는 웰빙의 소비를 넘어 밥상에서부터 지구와 환경, 생명과 건강을 생각하는 깨어 있는 소비 패턴입니다. 이것은 전적으로 밥상 문화와 일상에서 진보적 이타행을 실천하는 것입니다.

'깨어 있는 소비'란 첫째, 투명성을 원칙으로 합니다. 맛과 가격을 고려하는 데서 더 나아가 음식이 어떻게 내 밥상까지 오고, 인간 사회와 자연환경에 어떤 영향을 미치는지 그 과정과 맥락을 이해해야 합니다. 둘째, 공정성입니다. 비용이 어느 한쪽에 일방적이 되어서는 안 됩니다. 각종 석유화학제품이나 육류 식품의 시장가격에는 시장가격에 환경이나 건강 등의 간접비용이 반영되어 있지 않습니다. 사실 각종 보조금을 고려하면 육식은 지구상에서 가장 비싼 먹거리입니다. 예를 들어 인도에서 숲을 파괴하면서 길러낸 고기와 밀가루로 만든 햄버거 하나를 생산하는 비용은, 보조금이 아닌 실질 생산비를 계산하면, 무려 200달러에 달한다고 합니다. 셋째, 인도주의입니다. 육류 생산의 주 대상은 상품이 아닌 생명입니다. 동물에 관한 한 인간은 이중적입니다. 소위 애완동물을 가족처럼 사랑하면서 고기를 생산하는 과정에서 동물들에 가하는 인간의 비정한 행위를 인식하지 못합니다. 넷째, 확장성인데 이는 내적 성장과도 깊은 관계가 있습니다. 채식을 실천하는 것은 살아 있는 모든 것들과 공존하는 출발점입니다. 우리 자신이 우주라는 전체의 일부이자 그것에 영향을 주며 살아가는 존재임을 인식하게 합니다. 우리가 우리 몸의 필요와 이 지구의 필요를 함께 반영한 음식을 선택한다면, 세계에서 가장 약자인 소규모 식품 생산자와 기아에 시달리는 전 세계 사람들을 지지하는 선택을 한다면, 우리는 깊은 유대감을 느낄 수 있습니다. 유대감을 느끼면 자신감도 커지고 힘도 생깁니다. 먹는 것이 생각을 결정하고 말과 행동 바꿔 세상을 더욱 변화시키는 것입니다.

밥상혁명의 순간

가치 있는 삶을 살았던 한 사람이 죽자 하느님은 그를 우선 지옥으로 안내하였습니다. 거대한 만찬상이 펼쳐져 있음에도 사람은 젓가락이 너무 길어 아무것도 먹지 못하는 상황이었습니다. 모두가 굶주려 절망적이었고 그 고통은 참으로 끔찍했습니다. 잠시 후 하느님은 그를 천국으로 데려갔습니다. 놀랍게도 천국은 그 광경이 지옥과 똑같았습니다. 단지 그곳 사람들은 모두가 잘 먹어서 건강하였고 행복해하며 기쁨과 웃음이 넘쳐 흘렀습니다. 어떻게 된 일일까요? 긴 젓가락을 상대방에게로 향함으로써 서로 음식을 먹여 주었기 때문입니다. 외부 환경은 다 똑같은데 상대를 배려하고 존중하는 자세가 천국과 지옥을 나눈 것입니다.

지구 역사를 1년으로 따졌을 때 인류는 12월 31일 자정 15분 전에 출현했습니다. 산업 문명은 불과 자정 15초 전에 나타났습니다. 지구라는 호텔에 찰나 동안 머물 뿐인 인간이 지금 호텔의 모든 투숙객들을 멸종의 위기에 몰아넣고 있습니다. 마치 자신이 주인인 것처럼 지구라는 공유지를 파괴하고 있는 것입니다. 배려와 존중이란 찾아볼 수 없는 안하무인의 자세로 말입니다.

우리 몸도 마찬가지입니다. 몸이란 조상과 선조로부터 물려받아 잘 관리하며 살다가 건강한 후손을 생산하여 생명(가계)이 이어지도록 하는 매개체입니다. 후생유전학(epigentics)에 따르면 우리가 먹는 음식이 삼대 이후까지 영향을 미친다 합니다. 그럼에도 마치 자신만의 몸인 양 아무거나 먹고 마시며 마음대로 행동하는 등 자기 몸을 훼손하고 파괴합니다. 여기서도 배려와 존중이란 찾아볼 수가 없습니다.

지구 생태계와 개인의 건강, 전혀 다르게 보이는 양자가 사실 하나의 문제를 공유합니다. 음식은 이 글로벌한 것과 개인적인 것을 실제로 하나로 연결합니다. 배려와 존중의 마음과 태도 없이 무심코 우리가 먹는 음식과 그 음식을 생산하는 방식이 오늘날 개인의 건강에서부터 지구 전체까지를 벼랑 끝까지 몰아가고 있습니다. 음식의 종류와 생산방식의 변화는 결과적으로 사고방식의 변화, 즉 문화의 전환을 이루는 것이며 새로운 인류 의식을 향한 중요한 첫걸음입니다. 인류는 인간과 음식, 지구의 관계를 근본적으로 정립해야 하는 밥상혁명의 순간에 서 있습니다.

수천 년 동안 현자들은, 생명체를 물건으로 전락시키는 육식 습관은 행복을 이룰 수도 없고 올바른 사회도 이룰 수 없음을 가르쳐 왔습니다. 또한 우리가 먹는 것이 우리 정신과 육체 모두에 지대한 영향을 미친다는 사실을 가르쳐 왔습니다. 우리 자신은 곧 우리가 먹는 그것입니다. 우리 식사가 불필요하게 무력한 동물들을 해치지 않도록, 귀중한 자원을 낭비하지 않도록, 그리고 이 지구상 어느 곳에선가 굶주리고 있는 아이의 건강한 삶을 빼앗지 않도록 늘 주의하십시오. 그러는 동안 점차 모든 생명체가 하나임을 더욱 더 자각하게 될 것입니다.

하늘,
수도자의 밥상에
내려오다!

수도원에서는 무엇을 먹었을까?

김대식

대구가톨릭대학교 대학원 종교학과 강사

수도자의 음식 인류학

프랑스 속담에 때맞추어 잘 왔다는 뜻으로 "사순절의 생선처럼 찾아온다."는 말이 있습니다. 이 속담은 수도원의 음식에 생선이 포함되어 있었다는 문화인류학적 정보를 제공해 줍니다. 수도원의 역사는 약 1,400년 전 6세기 초에 이탈리아 누르시아의 베네딕도(Benedictus, 480-555/560?)가 오직 신앙을 위해 살고자 하는 남자들로 구성된 공동체를 결성하면서 시작되었습니다. 그 이후 수도원은 유럽 사회의 종교적 · 정신적 삶의 중심이었습니다. 수도자가 되기 위해서는 복음 삼덕(福音三德)인 청빈, 정결, 순명의 삼대서원(三大誓願)을 해야 했습니다. 그래서 우리는 '수도자' 하면 그들이 몹시 가난하게 살았다고 생각할 수도 있지만, 그렇다고 수도원이 세속적인 음식을 혐오하면서까지 자발적인 가난을 택했던 것은 아닙니다.

수도원에는 포도주, 빵, 기름, 그리고 고기가 흔했다고 합니다. 그리스도의 육체로서 하늘에서 내린 음식으로 인식하였던 빵은 그리

채식은 평화와 비폭력의 음식이며,
자연스럽고 단순하며
검소한 생활의 표시.

스도의 피를 상징하는 포도주와 더불어 미사를 위한 필수 요소였고, 기름은 성사(聖事)를 집행하는 데 필요한 성소의 등화(燈火) 수단이었습니다. 수도원은 일찍부터 채식이 평화주의를 상징한다는 그리스 철학 전통의 영향을 받아 그리스도교의 참회의 한 방식으로 육류의 금식을 선포했습니다. 특히 인류의 구원을 위해서 고통과 고난을 당한 예수를 기억하며 40일 동안 경건하고 거룩하게 지내는 사순절에는 육식을 금했습니다. 이 때문에 야채 요리와 생선 요리 같은 대체 요리를 더 풍성하게 발달시키는 결과를 가져왔습니다. 그런 연유로 알베르투스 마그누스(뱀장어)나 토마스 아퀴나스(청어)도 생선을 즐겨 먹었던 것 같습니다. 생선은 부활절에 먹는 가벼운 음식으로서, 중세에는 육식을 금하는 날이 지금보다 많았기 때문에 고기를 대신하여 생선을 많이 소비했습니다. 물론 먼 곳에서 수송을 해 와야 한다는 문제가 있었지요.

또한 수도원에서는 달걀 요리, 치즈, 맥주, 와인 등이 발달하였습니다. 그중에서도 달걀 요리는 다양한 변화를 시도하면서 음식의 맛을 더욱 풍요롭게 하였습니다. 섞어서 먹기도 하고, 굽거나 삶아서 먹기도 하였지요. 전해 오는 문헌에 따르면 식사 때는 물이나 과일 주스를 마시지 않고 맥주와 포도주를 마시고 일요일에는 꿀술을 마셨다는 기록도 있습니다. 대부분의 수도원들은 직접 포도를 재배하고 맥주를 양조하고 가축을 사육했기 때문입니다.

맥주는 처음에 농민들의 집에서 만들었지만, 맥주와 포도주의 관리는 중세 초기부터 수도자들이 도맡았습니다. 그러다가 9세기 초에 칼 대제가 가톨릭 교회를 원조하여 서로마 제국을 부흥시킬 때쯤부터 본격적으로 수도원에서 맥주를 만들기 시작했습니다. 자연스럽게 맥주 수요는 증가하였고 무엇보다 농민들로부터 보리(보리의 맥아로 만든 빵이 맥주를 발효시키는 데 사용됨) 등의 생산물을 공양 받은 수도원은 맥주를 만들기에 적합한 조건을 갖추고 있었습니다. 수도원산 맥주 제1호는 스위스의 생트가렌 수도원에서 820년에 만든 것입니다. 수도자들은 맥주를 일상 음료로 일정량 지급을 받았지만 양조한 술을 너무 많이 마셔댔습니다. 급기야 교회 당국에서는 포도주와 맥주의 양을 규정하는 비율표를 작성하여 술 소비를 제한하고, 하루 배급량을 규제하는 지경에 이르렀습니다.

뿐만 아니라 수도원은 대규모의 사과밭·허브밭을 비롯한 다양한 과수원을 소유하여 상황에 따라 사과·배·자두·모과 외에 밤·헤이즐넛·호두·아몬드·무화과 같은 것도 재배했습니다. 그렇게 함으로써 성목요일에는 허브 수프를, 성금요일에는 생선 요리를, 부활절에는 양고기 구이와 달걀을 먹을 수 있었습니다. 이렇게 보면 수도원은 부족한 것이 없이 무척 풍족했다는 것을 알 수 있지요. 이로 인해 일부 부유한 수도원의 경우 매일 식사가 5,000~6,000 칼로리를 함유할 정도였다고 합니다. 현재 우리나라 성인의 하루 섭취 권장 열량이 약 2,100~2,600 칼로리라고 하는데, 두 배가 넘는 열량을 섭취했음을 알 수 있지요.

그래서였을까요? 프랑스 루이 15세(1226-1270년 재위)가 상스의 작은 형제회 수도원을 방문했을 때, 그가 얼마나 잘 환대받았는지 이렇게 술회했습니다; "우선 버찌가, 그리고 나서 눈처럼 흰 빵(서민들은 검은 빵을 먹음)이…. 그런 다음 우유에 삶은 어린 콩, 생선, 가재, 뱀장어(로마의 시인이자 미식가였던 아르케스트라토스가 '식탁의 왕자, 맛의 극치'라고 절찬했던 뱀장어는 그리스도교에서 고기를 먹으면 안 되는 날이 많았기 때문에 귀중한 식재료로 사용됨) 파이, 아몬드 우유와 다진 계피를 곁들인 쌀밥, 맛있는 소스를 뿌린 뱀장어, 케이크, 염소젖으로 만든 치즈… 과일들도 푸짐하고 품위에 맞게 대접받았다." 이러한 내용으로 봐서는 아마도 수도원 안에는 오랜 수련 덕분에 유능한 요리사가 된 수도자가 있었던 것이 틀림없습니다.

중세 말기에는 베네딕도 수도원과 한 뿌리에서 나온 시토 수도회가 가장 많은 포도원을 소유하고 있었습니다. 십자군 전쟁은 수도원을 통하여 와인 산업이 발전하는 기폭제 역할을 하였습니다. 전쟁터로 떠나는 귀족들은 자신들의 안위를 위해서 사제들에게 기도를 부탁하면서 포도원을 희사하였고, 나중에 십자군 전쟁으로 말미암아 가족을 잃은 사람들은 망자를 위로하기 위해 포도원을 수도원에 바쳤기 때문입니다. 이 두 수도원은 고질적인 기아에 시달리는 빈민백성들을 구휼하기 위해서 새로운 치즈를 만들어 보급하는 일에 앞장서기도 하였습니다. 농민들의 식사가 수프(속라틴어로 suppa라고 한 데서 기원. 구운 지 오래된 빵은 딱딱해서 먹기가 어려워 뜨거운 국물이나 와인 등의 액체를 부어 불려서 먹음), 죽, 치즈, 빵이 주식이었던 것도 그런 데서 연원한 것이 아닌가 생각합니다.

이러한 수도원 음식의 발달 및 변천과는 달리 베네딕도의 『수도규칙』에는 하루 두 끼니에 두 가지 음식을 초과하지 않도록 규정하고 있습니다. 여기에는 과일이나, 서민들의 음식이라 여겼기 때문에 귀족들은 거의 먹지 않았던 연한 채소가 있을 경우 음식을 더 추가

과식은 음식의 사치이며 음식의 사치가 심해지면 병이 생긴다.

할 수 있었습니다. 또한 빵은 하루에 약 300그램으로 충분하다고 여겼습니다. 무엇보다도 이러한 음식 규정은 수도자들이 과식을 피하고 소화불량에 걸리지 않도록 하기 위한 것이었습니다. 과식은 수도자의 마음을 둔감하게 만들어 영성적으로 해로울 수 있기 때문입니다. 이와 관련하여 『아우구스티누스 규칙서』에서도 음식과 음료를 절제하라고 명시하였습니다. 이는 음식에도 사치가 있을 수 있다는 교훈을 주는 것입니다. 과식이란 곧 음식의 사치라는 측면도 있는 것입니다. 음식의 사치가 심해지면 너무 많이 먹어서[品+山] 생기는 병[疒], 즉 암(癌)이 발병합니다.

수도원은 원칙적으로 술이 수도자의 영적 생활에 도움이 되지 않는다는 입장이었습니다만, 그래도 그 당시 분위기에 따라서 약간의 술은 용인하였습니다. 과음을 하지 않는다는 전제에서 말입니다. 수도원에서는 술이 지혜로운 사람까지도 타락하게 만든다고 생각했습니다. 『수도규칙』에서 인상적인 것은 그 마을에서 구할 수 없는 음식을 먹지 못한다거나 또 규정된 분량만 먹는다 하여도 불평하지 말라는 것입니다. 또한 식사는 반드시 햇빛이 있는 시간에 하라는 규정도 마음에 와 닿습니다. 오늘날 우리 먹거리들은 먼 곳에서 운송되어 오면서 신선도가 떨어질 뿐만 아니라 환경문제도 일으키지요. 게다가 지역 경제에도 도움이 되지 않습니다. 수도원에서는 그 지역에서 생산된 음식 재료를 사용하자는 취지였던 것 같습니다. 또 음식을 먹는 동안은 아무래도 불을 켜놓고 식사를 하기보다는 자연 채광이 들어오는 시간에 하는 것이 자연과 우리 몸에 부담을 주지 않는다는 것도 잘 알았던 것 같습니다. 수도원의 음식 문화에서 배울 수 있는 생태적인 지혜이지요.

채식은 평화와 비폭력의 음식이며, 자연스럽고 단순하며 검소한 생활의 표시였습니다. 그리스도교의 은수자(隱修者)들은 채식이 몸을 가볍게 하여 영혼이 자유로워질 수 있도록 하는 식사법이라 여겼기 때문에 영적인 금욕의 상징이었습니다. 베네딕도 수도회의 음식 영성에 입각해서 본다면 오늘날의 과식과 과음, 폭식과 폭음이라는 사회적 현상은 영적인 삶과는 거리가 먼 것입니다. 현대인들은 사회 문화적으로 몸에 관심이 많아짐으로써 무엇을 잘 먹을 것인가에 지나치게 몰두하는 반면에, 자신이 먹는 것이 정신세계에 어떠한 영향을 미치는가는 관심을 갖지 않습니다. 자신이 무엇을 먹는가를 면밀하게 살펴보면 자신이 어떠한 존재인지를 알 수 있다고 합니다. 일리가 있는 말입니다. 따라서, 자신이 먹는 것에 관심을 기울이지 않는 현대인은 스스로를 잘 모르고 살아간다고 할 수 있습니다.

베네딕도의 『수도규칙』에서 귀 기울여야 할 또 다른 말씀은 음식 규정에 보이는 생태·영성적 가르침입니다. 그가 생각한 것은 무엇을 먹을 것인가 하는 문제가 아니었습니다. 지금 우리가 먹는 음식의 가짓수는 참으로 많지만 정작 먹을 만한 음식, 또 먹기에 안전한 음식은 매우 드뭅니다. 수도원에서 무엇을 먹는다는 것은 그들이 누구인가, 즉 그들의 정체성을 드러내 주는 것이지요. 현대인들은 맛있는 음식을 소화불량에 걸릴 정도로 많이 먹으려고 하지만, 수도자들은 음식이란 인간의 영혼이나 정신을 건강하게 만들어 주면 그것으로 족하다는 사고방식을 가지고 있었습니다. 정신이나 도덕·윤리가 첫째이고 음식은 둘째라는 수도자적 삶의 자세입니다. 그런데 현대 사회에서는 음식이 먼저이고 정신은 나중이라고 생각하고, 나아가 음식과 정신을 이분법적으로 봅니다. 음식과 정신을 머리로는 나눌 수 있을지 모르지만 사실 이 둘은 별개가 아니라 하나입니다. 예수는 빵만으로는 살 수 없다고 했습니다. 우리는 왜 그가 물질적인 양식만이 아니라 영혼과 정신을 위한 양식이 필요하다(마태 4,4)고 말했는가를 생각해 보아야 합니다.

음식, 식사라는 뜻의 독일어 단어 '말'(Mahl)은 영어의 meal과 같은 어원을 가진 말인데 원래 '정해진 시간', '시점'을 가리키는 말입니다. 식사 끼니로 하루의 때를 분할했다는 것을 엿볼 수 있는 말이지요. 옛날에는 세 끼를 먹는 것으로써 하루의 시간을 나누었다는 것입니다. 독일 남서부 바덴과 스위스에는 츠뉘네라는 새참 시간이 있다고 합니다. 오전 9시에 갖는 첫 번째 휴식 시간인데 바이에른에서는 '빵 시간'이라고 부릅니다. 먹는 행위가 때를 결정하는 중요한 역할을 했다는 말입니다. 하느님이 선사하신 시간을 향유했다는 뜻도 되겠지요. 그뿐만이 아닙니다. 함께 식사를 한다는 것은 상에 오른 음식을 나누어 먹는다는 뜻입니다. 우리나라 한자어 식구(食口)나 영어의 family라는 말도 거의 같은 뜻을 갖고 있습니다. 그래서 음식을 함께 먹는다는 것은 이른바 사회적 결속력이나 유대감을 기르는 것입니다. 마찬가지로 '동무', '동료'라는 뜻의 컴패니언(companion)은 라틴어 콤파니오(companio)와 상응하는 말인데, '-와 함께'라는 뜻의 쿰(cum)/콤(com)과 '빵'을 뜻하는 파니스(panis)의 복합어이지요. 풀이하면 '빵을 나누는 사이', 혹은 '한솥밥을 먹는 사이'라는 말입니다.

수도자 밥상의 시학 : 음식은 생명입니다!

수도원에서는 수도자들이 식당에 모두 모여야 식사를 시작합니다. 식사를 다한 수도자들은 동료 수도자들이 식사를 끝마칠 때까지 기다려 줍니다. 다른 이들을 배려하는 것입니다. 함께 식사를 한다는 것은 결국 하나의 공동체라는 것, 하느님의 가족이라는 것을 더욱 확고하게 하는 것이라고 생각했으며 식사 자리에도 하느님이 함께 머문다고 믿었습니다. 그만큼 식사라는 의식을 소홀히 할 수 없었을 것입니다. 그런 의미에서 식사 행위는 개인적 행위라기보다는 공동체적 행위이자 같은 식탁에 앉은 사람과 서로 마음을 나누고 생각을 나누는 것이라고 봐야 할 것입니다. 나아가 식사는 우리를 구원하는 의례가 될 것이고, 우리가 우주의 에너지로 살고 있다는 공동체적 삶을 깨닫게 하는 과정입니다. 왜냐하면 태양이 떠오르는 것은 죽은 자들의 부활을 상징하듯이, 태양 에너지를 받아서 이루어진 음식을 먹고 사는 우리도 매순간 부활한다고 볼 수 있기 때문입니다. 또한 태양 에너지로 살고 있는 우리가 음식을 섭취하는 순간 우주와 일치되는 것이며, 하느님의 모든 피조물과 만나게 됩니다. 우리는 그들과 함께 있으며 그들은 우주 공동체의 동무가 되는 것입니다.

음식은 성스러운 것이고 식사는 거룩한 행위입니다. 베네딕도 수도회의 수석 수도원장인 노트커 볼프(Notker Wolf, OSB)는 "좋지 않은

온갖 정크푸드와 패스트푸드는 비만과
당뇨병을 일으키는 원인이 된다.

음식보다는 차라리 아무것도 없는 것이 낫습니다."라고 말합니다.
우리나라 학교 급식은 그 취지와 편리성 면에서 좋다고는 하지만,
아이들의 입맛을 오염시키는 원인이 되기도 합니다. 그들이 먹는 고
추장은 설탕을 정제해서 만든 물엿이 들어가 있다고 합니다. 교문
바깥으로 나가면 온갖 정크푸드와 패스트푸드가 그들을 유혹하여
비만과 당뇨병을 일으키는 원인이 됩니다. 화학조미료, 인공 향신
료, 감미료, 흰 설탕에 익숙해진 어린이들은 전통적인 음식과 몸에
좋은 음식의 맛을 느끼지도 못합니다. 입맛이 왜곡되었기 때문입니
다. 수도자들이 자연의 리듬에 맞추어 생활하고 자연이 제공하는 생

명을 맛보려고 하였던 것처럼, 자연의 법칙을 거스르지 않고 음식을 섭취한다는 것은 매우 중요합니다. 시간을 경제적 가치로만 평가하는 요즈음, 그에 따라 현대인의 삶의 속도가 빨라졌다고 너무 패스트푸드에 의존하는 것은 자연의 리듬을 역행하는 것입니다. 음식은 경제적 가치로만 계산할 수 없는 자연의 이치를 따르고 있다는 것을 기억해야 합니다. 그러므로 느림의 지혜를 배우고 제 때에 자연이 베풀어 준 음식을 천천히 음미하면서 맛볼 수 있는 여유가 우리를 더욱 건강하게 할 것입니다.

음식은 신의 선물입니다. 왜냐하면 우리 미각을 즐겁게 해 주는 음식은 인간이 살아가는 데 꼭 필요한 것이기 때문입니다. 설령 수도원의 식생활을 오늘날의 이상적인 음식의 척도로 삼을 수는 없을지라도, 그들이 생각했던 것처럼 음식은 하늘과 땅, 그리고 그 음식을 위해서 땀 흘린 모든 사람들의 덕분으로 주어진 선물입니다. 선물에는 그것을 준 이의 마음과 뜻이 담겨 있습니다. 신의 의도, 자연의 의도, 사람의 의도는 결국 하나입니다. 그것은 바로 '생명'입니다. 음식은 자신도 살리고 남도 살리는 생명이어야 한다는 것이죠. 그러므로 음식을 먹는다는 것은 하늘 생명, 곧 신의 마음을 먹는다는 것과 맥을 같이 합니다. 음식은 사람들을 위해서 하늘의 마음을 내놓은 것이고, 음식을 먹는 시간은 하늘의 시간을 공유하는 것입니다. 음식은 스스로 죽음을 통해서 우리에게 생명을 제공해 주는 존재입니다. 그래서 "함께 식사를 하는 것은 매우 중요한 의식입니다. 일반적으로 함께 식사를 하지 않으면 함께 사는 것도 깨집니다."라고 하는 것입니다. 그와 같이 수도자들은 자신의 죽음으로 또 다른 존재에게 생명이 되어 준 음식을 통해서 하느님의 절대성과 하느님의 현존을 생각했을 것입니다.

따라서 음식을 낭비한다는 것은 곧 하느님의 시간과 마음을 소홀히 대한다는 것을 의미합니다. 음식은 생명으로서 누렸던 시간이 종말을 맞이하고, 자기 생명의 죽음을 통하여 우리의 생명 시간을 살게 되는 것이니, 음식을 나누는 시간은 하느님과 모든 생명 존재들에게 감사하는 시간이 되어야 마땅한 일입니다. 그러므로 식사를 할 때는 온전히 내 몸 안에 들어오는 음식에 집중하고 음식이 온몸에 채워지는 것을 통하여 하늘 마음을 느끼시기를 바랍니다.

술 마시면 지옥?
복날에 개고기는 미신?

한국 초기 그리스도교인의 음식 금기

오현석

한국학중앙연구원 종교학과 박사과정

술 마시는 것은 죄?

"기독교인이 술을 먹으면 죄가 되나요?" 오늘날 한국 개신교인들에게 이런 질문을 하면 아마도 대부분이 "그렇다."거나 "죄는 아니지만 술은 어쨌든 신앙에 좋지 않다."고 대답할 것입니다. 어린 시절부터 청소년기를 지나는 동안까지 매주 열심히 교회에 나갔던 저에게 이 질문은 쉽게 대답하기 어려운 문제였습니다. 술을 입에 댈 일이 없는 어린 시절에야 술은 그저 '맛없는' 음료였을 뿐이니, 그게 좋거나 나쁘거나 나와는 관계없는 것이었지요. 하지만 법적으로 술을 마실 수 있는 나이가 되고 대학이라는 사회에 몸담게 되면서 술은 여러 가지로 곤혹스런 것이 되었습니다. 특히 한국 사회에서 어른 그것도 이른바 남자로 인정받는 과정에서 결코 빠지지 않는 것이 술이기 때문입니다. 저 역시 대학 초년 시절에 음주를 하면서 신앙에 해가 되지 않을까 꽤나 고민했지요.

그런데 재미있는 사실은 술이 신앙에 해를 끼치는 것으로 생각하

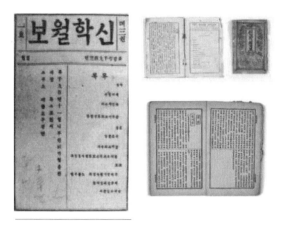

〈신학월보〉는 감리교 선교사 존스가 주도하여 창간한 한국 최초의
신학 잡지이다. 1900년 12월 창간 이후 1904년까지 월간으로 발행되
고 2년간 중단되었다가 1907년 7월 복간되어 1910년 가을까지 격월
간으로 발간되었다.

여 금기시하는 전통이 한국 개신교에서 유독 강하게 나타난다는 점
입니다. 이와 같은 현상은 한국에 개신교가 들어와 본격적인 선교
활동을 시작한 1890년대 즈음부터 발견됩니다. 초기 개신교 잡지였
던 〈신학월보〉만 들춰 보아도 술 마시는 것을 금지하는 기사가 지속
적으로 등장하고 있습니다. 술이 육신과 영혼을 해치고 집안 살림까
지도 망하게 한다거나(1권 2호, 1901년 1월), 모든 죄의 근본이라거나(2권
6호, 1902년 6월), 사람을 해치는 물건 중 가장 독한 물건이라는(2권 8호,
1902년 6월) 것이 주된 내용입니다.

이처럼 술을 나쁜 것으로 여기는 경향은 한국인의 전통적 관념에서 비롯된 것이 아니라 대부분 미국인 개신교 선교사들에 의해 '만들어진' 것입니다. 그렇다면 미국인 선교사들은 도대체 왜 그랬을까요? 개신교보다 앞서 한국에 들어온 천주교의 경우도 개신교와 같았을까요? 또 술 이외에 다른 음식에 대해서는 어떤 입장을 가지고 있었을까요? 이런 물음들을 이어 나가다 보면 한 사회 또는 집단이 특정 음식을 허용하거나 금지하는 관습은 어떻게, 왜 만들어지는가에 대해서까지 생각하게 됩니다. 머릿속이 복잡해집니다만, 이 글의 첫 단추를 술 이야기로 채웠으니 술 이야기를 좀 더 본격적으로 시작해 봅시다. 한 잔 술로 시작했으니 어쩐지 이야기가 술술 풀려나갈 것 같네요.

술이 '웬수'다?

미국인 선교사들이 남긴 여러 기록에는 한국인이 맵고 뜨거운 음식을 즐기며, 술을 매일 지나치게 많이 먹는다는 내용이 자주 등장합니다. 기포드(Gifford)라는 선교사는 "길거리에서 술에 취한 주정꾼들이 서로 상투를 잡아당기며 싸우는 모습을 흔히 볼 수 있다."고 서술했고, 알렌(Allen)은 평양 사람들에 관해 이야기하면서 "(그들의)인생의 단 한 가지 목적은 많은 양의 소주를 살 수 있도록 충분히 돈을 버는 것"이라고 혹평하기도 했습니다. 선교사들이 이렇게 한국인의 음주 습관을 가혹하게 평가한 이유는 그들의 신앙적 신념 때문이라고 할 수 있습니다. 한국에 처음 발을 들여 놓은 미국인 선교사들은 금욕과 절제를 강조하는 엄격한 청교도적 신앙을 가진 사람들이었습니다. 그들은 술을 마시는 것은 물론 춤과 담배를 즐기는 것까지도 죄로 여겼습니다. 이러한 금욕적 신앙 태도는 성서를 문자 그대로의 진리로 받아들이는 근본주의적 신앙에서 비롯된 것입니다. 성서에 "술 취하지 말라."는 구절이 있으니 술에 취하면 곧바로 죄가 된다는 입장이지요.

선교사들의 이러한 금욕적 신앙관은 그대로 한국 초기 개신교인들의 신앙 행태로 굳어지게 됩니다. 미국인 선교사들은 개신교 신앙에 입문하는 한국인들에게 믿음을 뒷받침하는 뚜렷한 증표를 요구했고, 그 증표 가운데 대표적인 것이 대다수 한국인들이 즐겼던 술과 담배를 끊는 일이었습니다. 사람의 몸은 신이 내려주신 거룩한 것이므로 깨끗하게 유지해야 하는데, 술은 사람의 몸과 마음을 더럽히는 것이니 신자라면 마땅히 버려야 한다는 논리이지요. 오늘날 한국 개신교에서 술 마시는 것을 마뜩잖게 여기는 까닭도 바로 이 생각에 뿌리를 두고 있습니다. 여기에 또 하나의 이유를 추가할 수 있는데, 경제적인 이유가 그것입니다. 방탕하게 소비되는 술이 개인의 살림은 물론 나라 살림까지 망친다고 본 것이지요. 부강한 국가인 미국도 하나님을 믿고 금주법을 시행하고 있으니 조선도 미국과 같은 '문명국'이 되기 위해서는 속히 술을 금지해야 한다는 것입니다. 이와 같이 한국 개신교에서 술을 부정적으로 인식하게 된 배경에는 미국인 선교사들의 금욕적 신앙관과 함께 미국의 개신교를 서양 문명의 상징으로서 받아들이게 된 1900년대 초 조선 사람들의 상황이 자리하고 있습니다.

천주교인은 술을 먹어도 된다!

천주교가 한국에 들어온 시기는 개신교보다 훨씬 앞섭니다. 한국 천주교는 공식적으로 1784년을 조선천주교회가 세워진 때로 인정합니다. 이는 한국 천주교 역사에서 첫 번째 순교자로 알려져 있는 김범우(金範禹, ?-1786)의 집에서 처음으로 첨례(미사예식 중 성찬예식이 빠진 미사 형식)가 행해진 때입니다. 이후 조선 천주교는 크고 작은 수많은 박해를 겪으며 한국인의 주요 종교 가운데 하나로 자리 잡게 됩니다. 그런데 천주교가 한국에 전래된 과정은 개신교와 상당히 다릅니다. 개신교가 미국인 선교사의 주도로 도입된 반면, 천주교는 조선의 몇몇 유학자들이 중국에서 들여온 서학서를 읽고 천주교에 관심을 가지게 된 것이 그 출발점이지요. 이처럼 독특한 전래 과정과 긴 박해

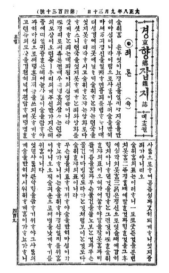

〈경향잡지〉1919년 9월호(430호)에 실린
「좌론」에서 '술취함'에 대해
다루고 있는 부분.
〈경향잡지〉는 1906년에 창간되었다.
"한국에서 가장 긴 역사를 자랑하는
정기간행물로 한국천주교중앙협의회에서
지금도 발행하고 있는 가톨릭 잡지이다."

시기를 겪으면서 한국 천주교는 개신교에 비해 좀 더 상세한 생활
규범들을 만들어 나갑니다. 그 배경에는 물론 천주교 특유의 의례
중심 체계가 있기도 하지만요.

그러면 음식, 특히 술을 1900년대 초 한국 천주교인들은 어떻게
생각하였을까요? 개신교의 경우와 같이 술을 절대적으로 해로운 것
이며 죄악이라고 생각했을까요? 오늘날 한국 천주교에서는 교인들
이 술을 마시는 것을 금하지 않습니다. 교인들뿐만 아니라 신부님들
에게도 술은 금기사항이 아닙니다. 제가 아는 신부님들 가운데에도
술을 즐기는 분이 꽤 있으니까요. 재미있는 기사 하나를 소개하지

요. 2004년 8월 16일자 〈연합뉴스〉에는 천주교인이 다른 종교인에 비해 술을 더 즐겨 마시는 것으로 조사되었다는 기사가 있습니다. 창원시 보건소에서 창원공단의 노동자 883명을 대상으로 조사한 결과인데요, '술을 즐겨 마신다'고 대답한 개신교인은 38.7%, 불교인은 46.6%인데 비해, 천주교인은 절반 이상인 56.8%가 술을 즐겨 마신다고 합니다. 특히 '술을 전혀 마시지 않는다'고 응답한 경우는 개신교인이 25.8%, 불교인이 6.6%인데, 천주교인은 1%였다는군요.

술도 음식이다

술에 비교적 관대한 한국 천주교인의 태도는 1900년대 초에도 이미 발견됩니다. 한국 천주교가 발행한 최초의 근대적 잡지인 〈경향잡지〉를 살펴보면 술에 대한 천주교인의 태도를 확인할 수 있습니다. 1919년 9월호에 실린 '술취함의 죄'가 대표적인 글입니다. 이 글의 내용은 사람이 일부러 술을 많이 마셔 자기 정신을 잃게 하면 큰 죄가 된다는 것입니다. 같은 해 8월에 실린 '탐도의 죄'라는 글에는 좀 더 포괄적으로 음식과 관련된 죄를 서술하고 있어요. 술과 음식을 지나치게 탐하는 것을 경계해야 한다는 내용인데요, 술을 지나치게 마시면 정신을 제대로 쓰지 못하니 죄가 되고, 음식을 지나치게 많이 먹으면 몸을 해치고 자기 할 일을 하지 못하니 죄가 된다네요. 거기다 쾌락을 위해서만 음식을 먹는 것도 죄라고 합니다.

앞서 이야기한 개신교의 경우와 비교해서 어떤가요? 두 교단의 입장의 차이점이 눈에 보이시나요? 술에 취하는 것을 '죄'로 생각하는 점은 천주교와 개신교가 같습니다만, 천주교에서는 술 자체를 나쁜 것으로 여기는 생각은 보이지 않습니다. 술을 몸과 마음을 더럽히는 나쁜 음식으로 여겼던 초기 개신교의 입장과는 조금 다르지요. 술이든 음식이든 지나치게 먹거나 즐거움을 위해서만 먹는 것이 문제지 술 자체가 사람의 몸을 해치는 음식은 아니라는 것이 천주교의 입장입니다. 오늘날 한국 천주교인이 다른 종교인에 비해 더 많이 술을 즐기는 것도 이런 배경에서 이해할 수 있을 것 같습니다.

복날에 개고기를 먹으면 미신?

〈경향잡지〉를 보면 그 밖에도 음식에 관한 여러 기사들이 등장합니다. 이를 살펴보면 음식에 대한 1900년대 초 한국 천주교인들의 생각을 더 잘 알 수 있습니다. 같은 시기에 술과 담배 이외에는 별다른 음식 금기가 없었던 개신교와 비교해 보면, 천주교에 음식에 대한 좀 더 상세한 규범들이 있었다고 할 수 있지요. 그중 재미있는 것 몇

〈경향잡지〉
1930년 7월호(670호)에 실린
'복날에 개고기' 관련 내용 부분.

가지를 소개해 볼까요. 1930년 7월호에는 개고기에 관한 글이 있습니다. 사람들은 흔히 복날에 개고기를 먹으면 더위를 피할 수 있다고 생각하는데 그런 생각은 미신(迷信)이라고 하였습니다. 이유인즉, 정말로 개고기를 먹어서 더위를 피할 수 있는지는 검증된 적이 없기 때문이랍니다. 만약 개고기를 먹어 더위를 피할 수 있다 하더라고 왜 다른 날은 안 되고 꼭 복날에 먹어야 효험이 있다고 하는지 의심스럽다는 얘기지요. 그런데 이에 덧붙여 천주교 신자들은 복날을 피해 개고기를 먹으라고 주문합니다. 그러니까 개고기 먹는 행위 자체를 나쁘게 여기거나 금지한 것은 아니지요.

고기에 관한 또 다른 글이 1917년 5월호에서 보입니다. 진육(殄肉), 즉 죽은 짐승의 고기를 먹지 말라는 내용입니다. 그 기사에 따르면, 조선 사람은 어떤 짐승이든 그 죽은 고기를 마구 먹는 경향이 있는데, 이는 위생에 해로울 뿐만 아니라 자살을 유발할 수 있다고 하였네요. 죽은 짐승의 고기가 자살을 유발한다는 생각이 재미있지요. 죽은 짐승의 고기란 사람이 먹기 위해 죽인 것이 아니라 다른 이유로 이미 죽어 있는 동물의 사체를 뜻하는 것이니, 불길하게 여길 만도 합니다. 아마도 그러한 불길한 기운이 그것을 섭취한 사람의 자살을 유발한다는 생각으로 연결되지 않았을까 추측해 볼 수 있겠네요.

한편, 구렁이에 대한 글도 있습니다. 천주교 신자들은 구렁이를 먹어서는 안 된다는 소문이 있는데, 교회에서는 구렁이 먹는 것을 금지한 적이 없으니 먹어도 괜찮다는 내용입니다. 유대교에서는 짐승의 피와 숨 막혀 죽은 고기, 그리고 특정한 짐승의 고기를 금하는 규정이 있지만, 그리스도교에서는 그런 규정을 지킬 필요가 없다는 것이지요. 한국인들은 전통적으로 구렁이를 즐겨 먹었습니다. 흑질백장(黑質白章), 황신흑점(黃身黑點) 같은 말이 널리 퍼져 있었던 것이 그 증거이지요. 흑질백장이란 검은색 바탕에 하얀색 줄무늬가 있는 뱀을, 황신흑점이란 누런색 바탕에 검은색 얼룩점 있는 뱀을 말합니다. 흔히 능구렁이나 먹구렁이라고도 하는데요, 부족한 양기를 채워

준다 하여 탕으로 많이 먹었다고 합니다. 요즘에도 이 뱀들은 정력 제라고 알려져 있지요. 그런데 당시의 천주교 신자들 사이에서 왜 하필 구렁이 먹기를 금한다는 소문이 있었는지는 설명이 없으니 알 수 없는 노릇입니다. 하지만 틀림없이 그러한 소문을 만들어 낸 사고의 과정이 있었을 테지요. 그 사고 과정을 추적하면 당시 한국 천주교인이 사물을 분류하는 방식을 좀 더 명확히 알게 될 것입니다.

동짓날 팥죽은 이단 행위다?

한 가지 사례만 더 봅시다. 〈경향잡지〉 1917년 9월호에는 동짓날에 팥죽을 쑤어 먹지 말라는 글이 있습니다. 동짓날에 팥죽을 먹는 것은 '이단' 행위이기 때문이라는데요, 동짓날은 동서양을 막론하고 일 년 중 가장 밤이 깊고 긴 날이라 여러 문화권에서 그에 관한 수많은 민간 풍습이 있지요. 서양에서 동지는 오늘날의 크리스마스 즈음입니다. 북유럽의 경우 동지는 6개월 동안 계속된 밤이 끝나는 날이지요. 동지를 기점으로 해서 새벽으로 넘어가고 결국은 환한 아침과 낮이 오는 시기가 됩니다. 그래서 이날을 축하하는 축제가 곳곳에서 벌어졌다고 합니다.

동짓날의 대표적인 세시풍속은 팥죽을 쑤어 먹는 동지팥죽을 만든 후 먼저 사당에 올려 동지고사(冬至告祀)를 지내지요. 그 후 각 방과 헛간, 장독대 등 집안의 여러 곳에 놓아 두었다가 팥죽이 식으면 가족들이 함께 먹었습니다. 집안 곳곳에 팥죽을 놓아 두는 이유는 집안에 있는 악귀를 쫓아내기 위해서였어요. 팥의 붉은색이 양(陽) 기운을 가지고 있어서 음(陰) 기운을 가진 귀신을 쫓는 데 효과가 있다고 믿었기 때문입니다. 붉은 팥이 잡귀를 물리치는 벽사(僻邪)의 힘이 있다고 여겼던 것이지요. 그렇다면 천주교에서 동지팥죽 먹는 것을 금했던 이유도 대충 짐작이 됩니다. 붉은 팥이 귀신을 쫓아낸다는 말이나 팥죽을 만들어 고사를 지내는 행위 등이 천주교의 가르침에서 벗어난 이상한 것들로 보였겠지요.

여기까지 읽으면서 흥미로운 점을 발견할 수 있는데 앞에서 복날에 개고기 먹는 행위는 미신이라 했고, 여기서 동지팥죽 먹는 행위는 이단이라고 했다는 점입니다. 이 두 가지 말은 맥락에 따라 조금씩 다른 의미를 지닐 수 있는데요, 앞에서 언급된 개고기 관련 글에서 미신이라는 말은 문맥상 과학적으로 검증되지 않은 속설이라는 의미 정도로 이해할 수 있어요. 여기에는 천주교 신자들이 근거도 없는 사실에 현혹되지 말고 과학적으로 증명된 말을 따라야 한다는 속뜻이 담겨 있지요. 한편, 동지팥죽 먹는 것이 이단이라는 말은 그 풍습이 천주교의 정통 교리나 신앙 관습과 동떨어져 있다는 뜻입니다. 이단이라는 말 자체가 언제나 정통을 전제로 하고 그 정통에서

루틀리지(Routledge)출판사에서 나온 2002년판 『순수와 위험』 표지.

Mary Douglas(1921-2007)

벗어난 생각이나 행위를 뜻하거든요.

그렇지만 〈경향잡지〉에 나오는 음식에 관한 여러 가지 글에서 무엇이 미신이고 무엇이 이단인지를 가르는 기준을 알아내기는 쉽지 않습니다. 예를 들어 앞에서 나온 진육에 관한 기사, 즉 짐승의 죽은 고기가 자살을 유발한다는 생각은 과학적으로 검증된 적이 없는 속설에 불과하지만 해당 기사에서는 그것을 미신으로 취급하지 않고 있어요. 이런 까닭에 한국 초기 그리스도교 안에서 음식과 관련된 미신 행위나 이단 행위가 어떤 기준에서 어떤 과정을 거쳐 규정되었는지, 그리고 특정 음식에 대해 왜 그렇게 생각하게 되었는지를 이해하는 것은 상당히 중요해요.

여기서 제시된 음식 관련 기사 내용들은 1900년대 초 천주교인들과 개신교인들의 음식 관념을 이해하는 데 매우 중요한 자료라고 할 수 있어요. 이들 자료를 통해 서양문화인 그리스도교가 한국인의 식습관에 어떠한 영향을 주었는지 알 수 있을 뿐만 아니라 한국 초기 그리스도교인들의 사고방식도 엿볼 수 있기 때문이지요. 이는 오늘날 한국 그리스도교의 모습을 이해하는 데도 중요한 실마리가 됩니다.

'순수함'과 '더러움'의 이분법

앞에서 살펴본 것처럼 1900년대 초 한국 그리스도교인들에게는 어떤 음식을 좋다거나 나쁘다고 평가하는 분명한 경향이 있었습니다. 물론 특정 음식에 대한 선호나 금기가 한국 그리스도교인들에게만 있는 것은 아닙니다. 세계의 어떤 문화나 종교에서도 특정 음식에 대해 특정한 태도를 취하는 현상을 볼 수 있습니다. 문화권마다 그 내용은 제각기 다르지요. 세계의 많은 종교학자나 인류학자들이 음식에 대한 각 문화권의 태도를 연구해 왔는데요, 음식이란 단지 삶을 유지하기 위해 섭취하는 영양분 덩어리에 그치는 것이 아니라 그 음식을 먹는 사람들의 세계관이 그대로 반영되어 있다는 생각 때문입니다. 말 그대로 음식은 문화적 산물이라는 것이지요.

이러한 생각을 논리적이고 치밀하게 전개한 이가 메리 더글라스 (Mary Douglas, 1921-2007)라는 인류학자입니다. 안타깝게도 불과 몇 년 전에 돌아가신 영국인 할머니이지요. 이분이 쓴 『순수와 위험』(Purity and Danger, 1966)은 음식 금기를 이야기할 때 빼놓지 않고 언급되는 책입니다. 이 책에서 다루는 내용은 워낙 많이 알려져 있고, 또 자주 인용되기 때문에 여기서 자세히 설명하지는 않겠습니다. 다만 그분이 레위기(Leviticus)의 음식 금기를 분석한 대목은 이야기하지 않을 수가 없네요. 이 글의 주제와 긴밀하게 연결되는 내용이니까요.

레위기는 우리가 흔히 구약이라고 부르는 히브리 성서 가운데 세 번째 책입니다. 고대 이스라엘인들이 종교 의례나 일상생활에서 지켜야 하는 여러 가지 규칙이 기록되어 있지요. 특히 11장에는 먹을 수 있는 동물과 먹어서는 안 되는 동물이 상세히 열거되어 있습니다. 이에 따르면 땅의 짐승 가운데 발굽이 갈라지고 새김질하는 것들은 모두 먹을 수 있어요. 하지만 이 기준에서 벗어나는 짐승은 먹지 못합니다. 오소리와 토끼는 발굽이 갈라지지 않았으니 먹을 수 없고 돼지는 새김질을 하지 않으니 먹을 수 없는 짐승이 됩니다. 또한 물에 살면서 지느러미와 비늘이 있는 동물은 모두 먹을 수 있지만 여기서 벗어나는 동물은 먹을 수 없어요. 그리고 하늘을 나는 짐승 가운데서도 먹을 수 없는 것들이 있습니다.

메리 더글라스는 레위기에 등장하는 이러한 동물 분류가 고대 이스라엘인들의 사유 구조를 그대로 보여준다고 지적합니다. 신이 창조한 세계는 하늘과 땅과 물로 나뉘어 있으며 갖가지 동물들도 원래 그 세 범주의 공간에 각각 맞도록 창조되었다는 생각이 그것입니다. 이른바 '순수함'의 세계이지요. 그래서 땅(하늘/물)에 속해 있으면서 땅(하늘/물)의 짐승의 성질을 가지지 못한 것은 더럽고 부정한 짐승으로 취급됩니다. 신의 창조 질서에 온전히 부합하지 못하는 동물인 셈이지요. 그러니 그 짐승을 먹거나 그 주검을 만지면 그 더러움이 인간 또한 더럽게 된다는 논리입니다. 이러한 분석을 통해 메리 더글러스는 고대 이스라엘인들의 음식 금기가 위생적 이유나 윤리적 교훈에서 나온 것이 아니라고 주장합니다. 신의 창조 질서에 기초한 '순수함'과 '더러움'에 대한 관념이 사물의 분류에 그대로 투영된 결과가 바로 음식 금기라는 것이지요.

음식 금기는 상대적이고 역사적이다

삼겹살은 한국인들이 매우 좋아하는 음식입니다. 소주를 곁들이면 금상첨화이지요. 그런데 어느 누구도 한국 그리스도교인들이 삼겹살을 즐겨 먹는 것을 이상하게 생각하지 않습니다. 고대 이스라엘인들이라면 기겁을 했을 테지요. 입에 거품을 물면서 비난할지도 모릅니다. 오늘날의 유대교인들도 그들의 조상들처럼 돼지고기를 먹지 않습니다. 무슬림들도 그러하지요. 오늘날 한국 그리스도교인들이 유대교인이나 무슬림이 먹지 않는 삼겹살을 즐겨 먹을 수 있는 이유는, 너무나 당연한 말이지만, 그들과는 다른 역사적·문화적 전통 속에서 살아 왔기 때문입니다. 이들은 모두 같은 초월자를 신앙하지만 종교적으로 '깨끗한 것'과 '더러운 것'을 구분하는 방식이 그들과는 다르기 때문에 한국 그리스도교인들은 삼겹살을 맛있게 먹을수 있습니다. 자연과 우주의 근본을 그려 내는 틀이 각자가 속한 사회의 문화에 따라 달라지는것이지요.

우리는 앞에서 1900년대 초 한국 그리스도교인들이 특정 음식에 대해 가졌던 입장을 살펴보았는데, 그러한 입장은 항상 변화할 여지가 있습니다. 1900년대 초의 한국 천주교인들과는 다르게 오늘날 동지팥죽 먹는 것을 이단으로 생각하는 천주교인은 거의 없는 것을 보아도 알 수 있지요. 술 역시 같은 방식으로 생각할 수 있습니다. 누군가 이렇게 질문할 수 있어요. 천주교인이 동지팥죽 먹는 것과 개신교인이 술 먹는 것은 동일선상에서 비교할 수 있는 행위가 아니지 않은가? 물론 그렇습니다. 한국 개신교인에게 술 금기는 천주교인의 동지팥죽 금기와는 달리 오늘날에도 여전히 유효하게 작동하고 있으니까요. 이는 그 두 가지 음식 금기가 한국 천주교와 개신교 역사 안에서 각기 다른 무게를 지니고 있었다는 증거입니다. 신앙적 상징으로서의 중요성이 확연히 달랐다고나 할까요. 혹은 그 음식 금기가 유효했던 사회적 상황과 오늘날의 사회적 상황이 달라져서 개인의 신앙 행태도 함께 변했다고 말할 수도 있겠습니다.

어쨌든 특정 음식 금기가 그 종교에서 말하는 진리와 긴밀하게 연결되어 있다고 인정될 때, 그것은 세월을 견디며 견고하게 살아 있게 됩니다. 유대교인들이 오늘날에도 여전히 돼지고기를 먹지 않는 것처럼 말입니다. 음식 금기가 단순히 어떤 음식을 먹고 안 먹고의 문제가 아니라 그 음식을 전체 우주 질서 속에서 규정하는 방식에서 비롯되었다는 더글라스의 말을 되새겨 본다면, 그 음식을 먹지 못하도록 규정한 사고방식의 유래를 이해하는 일이 무엇보다 중요합니다. 그렇다면 한국의 초기 그리스도교인들이 남긴 여러 가지 음식 관련 자료 안에서 우리가 눈여겨보아야 할 점은 초기 그리스도교인들이 '거룩한 것(聖)'과 '속된 것(俗)'을 구분하는 방식입니다. 이른바 속된 것을 어떤 방식으로 배제하고 차별하는지, 그와 같은 구별과 배제가 어떠한 효과를 낳는지 하나하나 따져 물어볼 필요가 있습니다. 이것이 한국의 초기 그리스도교인들의 음식 금기를 이해하는 데서 핵심 과제라고 할 수 있지요.

예배 후에 술 한 잔 할까요?

자, 이제 제가 준비한 말들을 거의 다 했습니다. 하지만 술 이야기로 시작했으니 못다 한 술 이야기를 마저 하고 끝내는 것도 좋겠습니다. 이 글의 첫머리에 나왔던 물음과 관련된 이야기입니다. 대대수 개신교 목사들은 술이 개신교인으로서 경건함을 지키는 것을 방해하므로 마시지 말아야 한다고 설교합니다. 심지어 어떤 목사는 술을 파는 식당을 운영하는 교인에게 '마귀의 자식'이라는 독설을 퍼붓기도 하지요. 하지만 술을 입에 대지 않는 것이 개신교에서 말하는 진리, 그러니까 예수의 삶과 정신에 더욱 부합한다는 생각이 과연 적절한지는 한 번쯤 생각해 볼 문제인 것 같습니다.

세계의 모든 개신교 전통에서 한국의 경우처럼 술을 멀리해야 한다고 강조하는 것은 아닙니다. 술을 특히 금기시하는 입장은 미국의 일부 보수적 교회와 한국 개신교에서 유독 강하지요. 개신교 안에서도 술에 대한 입장은 각 교파나 교인의 성향에 따라 상당한 편차를 보입니다. 그렇다면 술을 나쁜 것으로 여기면서 금지하는 것은 개신교의 진리에 따른 절대적 규율이라기보다는 개신교 내의 특정 공동체가 어느 특정 시기에 지지했던, 혹은 아직도 지지하는 태도가 아닌가 하고 생각해 볼 수 있습니다.

그렇다면 개신교인으로서 술을 먹느냐 먹지 않느냐의 여부는 당위의 문제가 아니라 개인의 선택의 문제가 됩니다. 역사적으로 있어 왔던 수많은 개신교 신학의 경향 가운데 하나를 개인이 선택하는 문제이지요. 물론 각각의 신학적 경향에는 자연과 우주에 대한 거대한 그림들이 각기 다른 모양으로 담겨 있습니다. 그러니 술을 먹지 말아야 한다는 신앙적 입장에도, 술은 신앙심과는 관계없는 음식일 뿐이라는 입장에도 모두 자연과 우주를 그려 내는 각기 다른 거대한 틀이 작동하고 있는 것입니다. 그 틀 자체가 변하는 일이 없다면 특정 음식에 대한 기피나 선호 역시 달라지지 않겠지요.

어쨌거나 그 두 가지 신앙적 입장은 모두 존중되어야 합니다. 각각의 입장은 모두 개인의 실존적 결단에서 나온 것이기 때문입니다. 술 마시고 담배 피우는 사람은 무조건 속세에 오염된 더러운 사람이고, 술을 입에도 대지 않는 사람은 신의 세계에 속한 순수한 사람이라고 구분하는 것도 그 자체로 존중되어야 할 신앙적 태도입니다. 하지만 다른 이에게 그 틀을 강요하거나 덧씌우기 시작하는 순간 엄청난 폭력이 됩니다. 또한 술 금기를 성실히 지키는 종교인을 종교적 규율에 사로잡힌 유아적 신앙인이라고 비판하는 행위 역시 앞의 경우와 마찬가지의 폭력입니다. 돼지고기를 먹지 않는 유대교인들이 삼겹살을 즐겨 먹는 한국인들을 천하고 불결한 사람이라고 비난하는 경우와 같지요.

예수는 당시 이스라엘 사회의 근간이었던 유대교 율법에 온몸으로 저항한 사람입니다. 당시의 율법은 거룩한 것과 속된 것을 철저히 구분하고, 그 기준으로 사회적으로 낮고 힘없는 사람들을 종교적으로 더러운 이들로 취급했지요. 이천 년 전 예수의 삶이 오늘날에도 수많은 사람들에게 영향을 주는 까닭은 예수께서 바로 그 '더러운' 이들과 함께 먹고 마시고 울고 웃었기 때문입니다. 그러므로 자신이 지향하는 종교적 거룩함을 근거로 다른 이들의 행동·신앙·가치관을 더럽다고 비난하는 순간, 예수가 온몸으로 도전했던 배제의 율법, 차별의 율법 편에 서는 것이 아닐까 하는 생각을 하게 됩니다. 예수가 지금 한국에 온다면 주점을 하는 교인을 향해 마귀의 자식이라고 손가락질하는 목사들에게 어떤 말을 할까요? 저는 몹시 궁금한데, 여러분도 궁금하지 않으세요?

초콜릿과 콜라 그리고 천국

지금, 우리 음식 문화의 자화상

윤법달
종교문화연구원 연구원

현재 우리의 모습

2013년을 사는 우리가 가장 많이 생각하고, 친구들과 가장 많이 토론하는 주제는 무엇일까요? 돈, 결혼, 성공, 꿈? 일상생활에서 가장 많이 생각하고 말하는 것이 우리 삶의 중심 의제라고 할 때 이러한 단어는 한국사회가, 또는 개개인들이 중요하고 가치 있게 생각하는 것이 무엇인지를 알려 줍니다. 몇몇의 예외를 빼고는 대부분은 경제적으로 여유로운 삶이나 성공적인 삶에 관심을 집중합니다. 돈이 권력인 한국사회에서는 돈이라고 정리할 수 있습니다. 돈벌이가 우리 삶의 최대 화두이자 꿈이 되고 있습니다.

자본과 시장 중심의 사회에서 돈벌이는 생존 여부를 결정짓는 요소이기 때문에 매우 중요한 것임에는 틀림없습니다. 하지만 다시 묻고 싶은 것은 '진정 행복한가?'입니다. 극도로 치열한 경쟁을 조장하는 사회 풍토에서 패자는 생존마저 위태롭게 되고, 따라서 승자가 되기 위해서는 수단과 방법을 가리지 않게 됩니다. '경쟁에서 밀리면 끝장이다. 반드시 이겨야 한다.', '2등은 없다. 1등만 있을 뿐이다.' 등의 표현은 과정의 인간적 면모를 모조리 생략하고 승자 독식의 야만적 정복성과 폭력성을 정당화하고 있으며, 어디에도 생명·인권·평화 등의 가치를 실현하고자 하는 여유는 없어 보입니다. 각자의 생존본능은 있어도 행복이라는 가치를 실현하고 있는 것 같지는 않습니다. 성장·발전과 더불어 사회는 더욱 복잡다단해지고 개인의 일상도 함께 복잡하게 얽히게 되었습니다. 이러한 복잡함은 한 개인이 삶에 필요한 모든 물품을 스스로 만들어 낼 수 없게 했습니다. 서로가 서로에게 의존할 수밖에 없게 된 것입니다. 이어서 의존성은 개인 사이의 접촉(Contact) 빈도를 높였고, 인구의 증가도 개인이 차지할 수 있는 공간적 영역을 축소시킴으로써 그 접촉의 횟수를 높이는 데 기여했습니다. 이러한 의미에서 우리가 먹고 있는 것과 관련해서도 관계성을 인식할 수밖에 없습니다.

물질적으로 풍요로운 도시, 서울에 사는 어느 가족의 생활을 살피면서 먹는 것과 세계와의 관계를 생각해 보겠습니다. 윤창원(41, 가명) 씨는 부인과 초등학생인 아들을 둔 주식회사 삼동킴벌리의 과장입니다. 윤씨는 최근 복사용지를 수입하는 부서의 총책임을 맡고 있습니다. 종이의 주 원료인 유칼립투스 나무를 사서 현지에서 가공하여 종이를 만들어 수입합니다. 부인 정효주(30, 가명) 씨는 옷가게를 운영합니다. 베트남 공장에서 생산된 옷감과 실 그리고 옷을 수입해서 판매합니다. 초등학생인 아들은 간식으로 컵라면과 초콜릿, 그리고 콜라를 매우 좋아하여 조금 비만인 것만 빼고는 아주 잘 자라고 있습니다. 맞벌이를 하기 때문에 부부가 각각 승용차를 가지고 있고, 평일엔 각자 바쁘지만 주말엔 가족이 근교로 소풍을 자주 다닙니다. 생활의 편리함과 자신을 가꾸기 위해 필요한 제품을 큰 어려움 없이 구매하여 사용하고 있습니다. 그리고 최근 집을 장만하느라 약간의 은행빚이 있지만 큰 근심 걱정 없이 잘 살고 있습니다. 윤씨 부부는 자신들이 정말 평화로운 관계 속에서 있다고 믿습니다.

과연 이면의 실상도 그러한지 자세히 살펴보겠습니다. 첫째, 윤씨가 다니는 삼동킴벌리가 판매하는 복사용지는 대부분 태국과 인도네시아에서 수입됩니다. 유칼립투스 나무로 만드는데 이들 국가에서 싸게 구입할 수 있습니다. 안정적 종이 공급을 위해 삼동킴벌리는 5년 전부터 태국 한 지역의 유칼립투스 숲 조림 사업에 참여하였습니다. 이 지역에서는 다른 나무를 다 베어내고 유칼립투스만을 심어 키우기 시작하였습니다. 그 결과 지역 주민들의 생활이 변하기 시작했습니다. 전에는 3미터만 파면 물이 나오던 우물도 이제는 10미터를 파야 합니다. 그리고 유칼립투스 숲 가까이에서는 감자, 사탕수수 농사를 더 이상 지을 수 없게 되었습니다. 유칼립투스는 성장이 빨라 주변의 많은 물과 영양을 흡수하며, 유칼리 기름이 이로운 균들을 죽이기 때문입니다. 또 정부가 경제림 조성 정책을 시행

인도 어린이들은 물을 얻기 위해 더욱 먼 곳으로 나가야 한다.

하면서, 숲에 의지해 살던 수십만 또는 수백만의 사람들이 강제로 쫓겨났습니다. 이렇듯 윤씨가 삼동킴벌리에 근무하며 수행하는 일은 값싼 종이를 공급하기 위한 최선의 선택이지만, 결국 무고한 태국 농민들의 삶을 피폐하게 만들었습니다.

둘째, 부인 정효주 씨가 주로 수입하는 옷 또는 관련 제품은 모두 베트남에 있는 공장에서 만들어집니다. 각 공장의 종업원들은 미성년 여성이 대부분입니다. 아침 7시에 출근해서 저녁 10시까지 15시간을 일해야 합니다. 점심·저녁 식사 시간은 잠깐이며 근무 시간 중의 휴식 시간은 고작 화장실을 가는 것 외에는 없습니다. 근로조건에 대한 규정은 있지만, 가격경쟁에서 우위를 차지하려는 한국인 악덕 기업주 때문에 없는 것이나 마찬가지입니다. 심지어 욕설은 기본이고 때리기도 합니다. 그래도 노동자들은 가족의 생계를 위해 참을수밖에 없습니다. 왜냐하면 항의를 하면 해고되기 십상이고 다른 일을 구하기 쉽지 않기 때문입니다. 이와 같이 윤씨 부인의 경제 활동은 직접적으로 다른 사람을 해롭게 하지는 않지만, 악덕 기업의 옷을 수입함으로써 베트남 노동자들의 삶이 피폐해지는 데 일조하고있습니다.

셋째, 라면·초콜릿·콜라를 좋아하는 윤씨 아들의 기호 역시 많은문제를 내포하고 있습니다. 아들이 좋아하는 라면에 사용되는 팜유는 주로 말레이시아와 인도네시아에서 생산된 것을 수입합니다. 팜유의 주 원료인 기름야자만을 심어 생산하는 지역이 늘어나면서 인근 주민들의 삶은 파괴되고 있습니다. 왜냐하면 개발이라는 이름으로 기름야자 플랜테이션(plantation)을 개발하면서 다른 것은 다 없애고 있기 때문입니다. 이에 항의하는 지역 주민들에게 돌아오는 것은감옥살이와 죽음이었습니다. 이렇게 평화로움은 깨져만 갔습니다.어느 곳에서는 기름야자 해충을 예방하기 위해 농약을 살포할 때 방독 마스크 같은 물품을 전혀 지급해 주지 않아서 노동자로 일하던많은 사람들이 손톱 변형, 코피, 기관지염, 유산 등으로 고통받고 있다고 전해집니다.

한편, 초콜릿 원료는 주로 서아프리카에서 수입됩니다. 주 원료인 카카오를 생산하는 공정에 아프리카 어린아이들의 노동이 투입됩니다. 최근 국제앰네스티는 서아프리카 지역의 어린아이 25만 명이 카카오 농장에서 노예 노동으로 시달리고 있다고 밝혔습니다. 여섯 살 어린아이가 새벽 5시에 일어나 물을 길어 와야 하고, 키 높은 나무에서 카카오를 따는 위험한 일도 해야 합니다. 열심히 하지 않으면 벌칙도 주어집니다. 더욱 심각한 것은 이들은 자발적 노동에 임하는 아이들이 아니고 인신매매를 통해 대농장에 팔려온 아이들이라는 점입니다. 대농장은 약 15달러에 부모로부터 아이들을 사기도 합니다. 이러한 아이들의 처참한 처지를 지속시키는 것은 아동 노동으로 카카오를 생산하는 농장의 제품을 계속 구입해 주는 윤씨의 아들 같은 소비자들입니다. 카카오 농장의 아이들은 초콜릿이 천국의 맛이 아니냐고 인권조사관들에게 반문하였다고 합니다. 이렇듯 윤씨의 아들이 좋아하는 달콤한 초콜릿은 아프리카 어린아이들의 처절한 노동의 결과이며, 정작 그네들은 입에 댈 수 없는 꿈의 먹거리일 수밖에는 없습니다.

그리고 콜라는 물 부족과 연관이 있습니다. 예를 들면, 인도 현지의 코카콜라 회사는 콜라 1리터를 생산하기 위해 물 9리터를 씁니다. 그래서 주변의 지하수 수위가 지하 45미터에서 150미터로 낮아졌습니다. 주변 260개의 우물이 고갈되었고, 쌀 수확량이 10%나 감소했습니다. 마실 우물물이 부족해지자 광천수가 판매되기 시작했

인도네시아 숲이 파괴되어가는 모습은 우리의 미래이다.

는데, 품질 기준을 지킬 수 없는 인도 회사들은 망했고 외국 물회사의 제품들만 판매할 수 있었습니다. 이렇게 윤씨의 아들이 즐겨 먹는 코카콜라는 생산 지역 주민의 삶을 왜곡시키는 원인이 됩니다.

마지막으로, 윤씨 가족이 소유한 2대의 승용차와, 생활의 편리함과 자신을 가꾸는 데에 사용하는 각종 제품들은 환경 파괴에 일조하고 있습니다. 샴푸·린스·세제 등은 물 오염에 일조하고, 승용차는 대기 중 이산화탄소 농도를 높이는 데 일조하며, 냉장고 · 스프레이 등 각종 편의품은 지구 기후 변화에 악영향을 끼치는 프레온가스를 유출합니다. 특히 지구온난화는 해수면 상승을 불러오는데 머지않아 마셜제도, 방글라데시, 중국, 베트남 등의 농지와 생활 터전이 물에 잠기게 될 것으로 보입니다. 기온이 상승하면 열대와 아열대 지역에서는 해충이 늘어 식량 생산이 줄어들고 기아가 늘어날 것으로 예견되고 있습니다. 이처럼 윤씨 가족이 편리함을 위해 사용하는 제품은 역시 지구촌 전체의 평화로운 관계에 악영향을 미치는 것임을 알 수 있습니다.

당신이 지금 먹고 있는 음식은?

앞서 살펴본 것처럼 윤씨네 가족의 삶은 비록 겉으로는 평범해 보이고 평화로운 관계 속에 있다고 생각하기 쉽지만, 사실 그렇지 않습니다. 자본과 시장의 확대 그리고 과학기술의 발달과 더불어 신자유주의적 세계화는 가속화되고, 그 결과 자아와 타자는 지구촌 어디에 살든지 상관없이 어떤 형태로든지 관계를 맺게 되었습니다. 이러한 관계 맺음은 직접적이기도 하고 간접적이기도 합니다. 얼굴을 맞대는 관계 맺음도 많이 확대되었고 상품과 같은 것을 매개로 한 관계 역시 보편화된 지 오래입니다. 인류 역사는 국가 대 국가, 사람 대 사람의 불평등한 관계를 양산하며 전개되어 왔습니다. 그런데, 특히 강대국과 약소국, 선진국과 후진국, 부자와 가난한 자 사이에 왜곡된 관계는 신자유주의적 세계화가 진전되면서 자본의 탐욕과 과도한 경쟁으로 인하여 더욱 심화되고 있는 것입니다. 이러한 구조적

달콤한 초콜릿은 정작 노동에 동원된 아프리카 어린아이들에겐 꿈의 먹거리이다.

불평등 관계는 개인 수준의 관계 역시 불평등하게 규정하며, 관계성을 제대로 파악하지 못하여 유의하지 않는 경우에는 본인도 모르게 지구 저편 타자의 삶을 질곡으로 몰아가게 되는 것입니다.

더욱 심각한 것은 최근 보편화된 왜곡된 관계는 몰인간적이라는 것입니다. 대면하지 않고 상품이라는 매개체를 통해 관계가 이루어지고, 쌍방의 관계에 자본과 경쟁의 논리가 개입하기 때문에 왜곡이 심화되기 때문입니다. 일대일 대면 관계는 서로의 처지를 이해하고 소통하기에 용이하며, 공감대를 형성하여 연대하기가 쉽습니다. 그러나 연대의 양 당사자가 자본의 이익 창출과 경쟁의 수단으로 전락한 관계에서는 이를 규정하는 지배 논리에 종속되어 이해와 소통의 기회는 없어지고 연대하기 어렵게 되는 것입니다.

이 시점에서 다시 한번 묻고 싶습니다. 당신이 지금 먹고 있는 음식은 평화롭게 생산된 것인가요? 그것을 먹는 것이 행복한가요? 아니라면 왜 그러한가요? 이를 극복하기 위해 무엇을 해야 할까요?

먹을 것에도
정치가 들어 있다

먹거리를 둘러싼 정치학

유영근
미국변호사

먹을 게 없어서 걱정, 너무 많이 먹어서 걱정

옛 어른들은 "사람은 누구나 제 먹을 것은 가지고 태어난다."는 말씀을 자주 했습니다. 산업화 이전 시대, 그러니까 농업이 경제활동의 중심이던 시대에는 자녀가 조금만 자라면 농사일을 거드는 노동력으로서 한몫을 했습니다. 그래서 자녀가 많다는 것은 노동력이 풍부함을 의미했고, 또 각자 자기 손으로 농사를 지으면서 살면 굶을 일은 없다는 뜻에서, "자식들을 어떻게 먹여 살리나?" 하는 걱정 말고 그저 많이 낳으라는 덕담으로 그런 말씀을 하셨던 것 같습니다. 물론 옛 어른들 말씀처럼 누구나 제 먹을 것을 가지고 태어난다면 이 세상에 굶주리는 사람은 없어야겠죠.

하지만 세계에서 1년에 영양실조로 사망하는 사람 수가 약 2천만 명에 이르고, 매 2~3초마다 한 명의 어린이가 영양실조로 죽는다고 합니다. UN 산하기구인 유엔식량농업기구(FAO: UN Food and Agriculture Organization)에 의하면 2010년 현재 전 세계에 만성적인 굶주림에 시달리는 사람이 9억2천5백만 명이었다고 합니다. 9백만 명도, 9천만 명도 아니고 무려 9억 명이 넘는 사람들이 먹고 싶은 만큼 충분히 먹지 못한다는 것입니다. 그렇게 많은 사람들이 배를 곯고 지낸다는 사실이 믿기 어려워서 자료를 더 찾아 확인해 보았더니, 그것이 사실이었습니다. 더 놀라운 것은 그 수가 줄어드는 것이 아니라 나날이 증가하고 있다는 점입니다. 2003년에서 2005년 까지의 통계자료에 의하면 먹을 것이 부족하여 배곯고 지내는 사람들이 8억4천8백만 명이었던 것이 2010년에 이르러서는 9억 명을 넘어선 것입니다

그러나 다른 한편에서는 과도한 칼로리 섭취가 개인의 문제를 넘어서 사회문제가 되고 있습니다. 쉽게 이야기하여, 너무 뚱뚱해져 건강을 위협 받는 일이 몇몇 개인의 문제가 아니라 사회 전체가 걱정해야 하는 문제가 되었다는 것입니다. 세계에서 전체 인구의 반이 넘는 수가 비만인 나라가 18개국에 이른다고 합니다. 미국, 영국, 호주, 그리스, 멕시코, 이집트 그리고 남아프리카공화국에서는 성인 인구의 3분의 2 이상이 키에 비하여 체중이 많이 나가거나 비만이라고 합니다. 비만은 건강과 밀접하게 관련된 것이라 유엔세계보건기구(WHO: UN World Health Organization)에서 관련 통계를 발표합니다. 이 기구가 조사하여 발표한 것에 따르면 2010년 전 세계적으로 과체중 또는 비만이라고 할 만한 사람들이 무려 10억6천만 명에 이른다고 합니다. 1950년대에는 그 수가 1억 명이 채 되지 않았는데 50여 년

만에 10배가 넘게 증가한 것입니다. 유엔세계보건기구는 여러 가지 자료를 토대로 2015년에 이르면 뚱뚱이로 판정 받을 만한 사람이 23억에 이를 것이라고 예상합니다.

먹을 것을 둘러싼 정치

우리가 사는 세계를 아름답게 지구별이라고 이야기하는 사람도 있고, 또 지구마을 혹은 지구촌이라고 정겹게 부르는 사람들도 있습니다. 신비로운 색깔을 발하며 아름다운 이야기를 한껏 품고 있을 것 같은 수많은 별 중의 하나인 지구별, 오순도순 콩 한쪽도 나누어 먹으며 도란도란 살 것 같은 지구마을. 그러나 한쪽에서는 먹을 것이 없어서 배를 곯아 힘없고 초점 없는 퀭한 눈을 껌벅거리며, 눈썹에 앉은 파리도 힘이 없어 쫓지 못하는 수많은 어린이들이 있는데, 다른 쪽에서는 먹을 것이 넘쳐나 먹고 또 먹다 보니 너무 살이 쪄서 이제는 살을 빼려고 온갖 다이어트 기법을 찾아 아낌없이 돈을 써대고 있습니다. 사정이 이러할진대 지구는 더 이상 아름다운 이야기를 품은 별도 아니고 정겨운 마을일 수도 없습니다.

영국으로부터 인도가 독립하는 데 핵심 역할을 하였으며, 비폭력 평화운동가로 전 세계인의 존경을 받는 마하트마 간디(1869-1948)는

유엔세계보건기구는 2015년에 이르면 세계인구 중 비만인 사람이 23억에 이를 것이라고 예상한다.

"이 지구는 모든 사람의 필요를 충족시키기에는 넉넉하지만, 단 한 사람의 탐욕도 완전히 충족시킬 수 없다."고 하였습니다. 다시 말해서, 지구의 자원이 이 세상 모든 사람들이 살아가는 데 필요한 만큼씩 골고루 나누어 쓰기에는 충분한 양이지만, 사람들이 욕심을 내기 시작하면 아무리 지구의 자원이 많다 하더라도 한 사람의 욕심도 충족되지 않을 것이라는 이야기입니다. 이 말은 욕심과 탐욕에 대한 경고인 동시에, 인간이 끝없이 탐욕을 만족시키고자 다른 사람들과 벽을 쌓고, 심지어 다른 사람 것을 빼앗기까지 하는 현실에 대한 염려이기도 합니다.

정치란 무엇일까요? 정치의 개념을 여러가지로 정의할 수 있겠지만, 위에서 인용한 간디의 말을 생각해 보면, 자원의 공정한 분배를 위한 규칙을 만들어 가는 과정을 정치라 할 수 있습니다. 쉽사리 욕심을 부리는 사람들이 각기 욕심을 마음껏 부리면 그 욕심들이 충돌하여 다툼이 발생합니다. 그리고 많은 능력 또는 권력을 가진 일부 사람들이 자원을 독점하여 대다수 사람들이 자원을 고루 사용할 수 있는 기회를 박탈하는 일도 분명히 발생합니다. 그래서 이른바 민주주의 국가에서는 국민들이 주권을 위임하여 만들어 낸 정치 제도가 그 권위를 기초로 하여 자원을 공정하게 분배해 줄 것을 기대하는 것입니다.

여기에서 자원이라고 이야기한 것은 결국 먹을 것이라고 해도 좋을 것입니다. 인간이 생존하기 위해서 필요한 것이 여러 가지가 있지만 그중에 가장 기본적인 것이 먹을 것입니다. 벗고는 살아도, 그리고 남의 집 처마 밑에서라도 잠을 잘 수는 있지만 먹을 것이 없다면 며칠 못 가서 죽을 수밖에 없기 때문입니다. 따라서 내가 무엇을 먹는다는 행위는 매우 사적인 행위이지만, 내가 먹는 음식을 둘러싸고 여러 방식의 정치 행위를 비롯한 공적인 행위들이 이루어지고 있다 것을 알아야 합니다.

농산물과 국가 정책

먹거리의 기본이 되는 것은 농산물입니다. 지금이야 공장에서 가공

되어 만들어진 먹거리도 많지만 그 역시 대체로 농산물을 기본으로 하고 있습니다. 따라서 농산물, 그리고 그것을 생산하는 농부들과 관련된 여러 정책들이 국가 정책에서 매우 중요한 위치를 차지하는 것입니다.

성경에 첫 번째로 등장하는 창세기에도 파라오라 불린 이집트 왕이 농부들이 생산한 농산물의 20퍼센트를 세금으로 거두어들인 기록이 나와 있습니다. 오늘날에도 아프리카 몇몇 국가에서는 고대 이집트처럼 농민들이 수확한 것에서 일정량을 세금으로 징수하여 시장에 유통시키는 정책을 쓰고 있습니다. 이러한 정책은 비록 도시에 사는 사람들이 농촌에 사는 사람들보다 그 수는 적지만 대체로 교육을 많이 받아 자신들의 이익을 위해서 스스로를 조직하고 정부에 저항할 수 있는 힘을 가졌기에, 농민들에게 희생을 강요하면서 도시민들에게 혜택을 주고자 하는 정부의 정치적 선택인 것입니다.

오늘날 부유한 나라들에서는 위와 정반대의 정책을 펴고 있습니다. 정부에서 도시의 소비자들로부터 걷은 세금을 농민들에게 보조금 형태로 지원하는 것입니다. 물론 이들 나라에서도 농민의 수가 도시에 거주하는 사람들 수보다 적지만 고대 이집트나 위에서 이야기한 아프리카 국가들의 농민들과는 달리 교육을 많이 받고 자기 조직화가 잘 되어 있기 때문에 정치적으로 이들을 위한 보조금 지원 같은 정책을 펼 필요가 있는 것입니다.

이와 유사한 것으로 우리나라에는 이중곡가제라는 것이 있었습니다. 1950, 60년대를 거치면서 만성적인 식량 부족과 식량 수입으로 인한 국제수지의 악화, 도농 간의 소득 격차 심화 등에 직면한 정부는 이와 같은 문제를 해소하기 위한 방법의 하나로 생산자로부터 수매하는 곡물 가격을 인상하는 것이 필요하였습니다. 그런데 경제 발전을 강력하게 추진하기 위해서는 저임금 기조가 필요하였고, 또 이를 위해서는 곡물 가격을 낮은 선에서 유지하지 않으면 안 되었습니다. 이런 문제를 해결하기 위해 정부는 1969년 보리와 쌀에 대해 이중곡가제를 처음으로 실시하였습니다. 이 이중곡가제는 곡물 생산자인 농민들로부터 정부가 수매하는 가격을 산지 가격보다 높게 책정하여 증산 의욕을 고취하고 농가 소득을 끌어올리는 한편 방출 가격은 낮게 결정하여 도시의 곡물 소비자 가계의 부담을 경감하고 물가를 안정시키는 데 그 목적이 있는 제도인 것이지요.

먹을 것을 어떻게 분배할 것인가?

이렇게 국가가 먹을 것의 분배에 개입하는 것은 필요한 것일 뿐만 아니라 국가가 당연히 해야 하는 일입니다. 개인이나 집단이 자신들의 이익을 위하여 정치적 행동을 할 자유가 지극히 제한된 독재국가나 권위주의 국가에서는 정부가 식량을 직접 배급하기도 하고 식량 유통을 국가 계획 하에 강력하게 통제하였습니다. 그러나 역사적으로 그러한 식량에 대한 국가 통제가 강력한 시기에 대규모 기근이 발생하였습니다. 스탈린 치하였던 1932년에 발생한 우크라이나 지역의 대기근, 3천만 명이 굶어 죽은 것으로 기록된 1959년에서 1961년에 걸쳐 일어난 중국 공산당 치하의 이른바 '대장정 기근'이 그 대표적인 예입니다. 1980년대에 이디오피아와 모잠비크에서 일어난 기근도 일당독재 하에서 일어난 일입니다. 결국 국가에서 강력하게 통제하여 먹을 것을 분배하겠다는 정책은 실패할 수밖에 없다는 교훈을 준 것이지요. 그래서 대부분의 국가에서는 배급과 같은 완전한 통제 방식이 아니라 자유시장 원칙을 기본으로 하되 세금 부과, 보조금 지급, 가격 규제 등을 통해 생산자와 소비자를 간접적으로 규제하는 방식으로 먹거리가 가능한 한 공평하게 분배되도록 노력하고 있습니다.

최근 들어 우리 사회에도 복지에 대한 이야기가 많이 나오고 있습니다. 복지는 어떤 면에서 보자면 국민들에게 어떻게 먹거리를 안전하고 공평하게 분배할 것인가 하는 것에 그 성공 여부가 달려 있다고 해도 과언이 아닙니다. 현대 복지국가들은 삼시 세끼는 나라에서 보장해 주어 굶는 사람이 없는 나라를 만드는 것을 최소한의 목표로 삼습니다. 학교 급식을 통해 모든 학생들에게 무상으로 점심 식사를 제공할 것인가 말 것인가 하는 것을 두고 다툼이 있었던 이른바 '무상급식 논쟁'도 우리나라가 복지국가로 발돋움하려는 시점에서 국가가 먹거리를 어떤 방식으로 분배할 것인가를 둘러싼 논쟁이라고 할 수 있습니다.

먹을 것과 미시 권력

앞서 이야기한 것처럼 먹거리를 둘러싼 정치는 먹거리의 분배를 둘러싼 정책·주장·원칙들을 두고 서로 충돌하고, 타협하기도 하며 그에 대한 합의를 이끌어 내는 과정으로 이해됩니다. 그러나 음식물을 어떻게 생산하고, 통제하고, 규제하고, 검사하고, 유통시키냐 하는 것도 먹거리의 분배 못지않게 이른바 '먹거리 정치학'에서 중요하게 다루어져야 합니다. 막대한 경제적·정치적 자원을 가지고 있는 기업이나 정부가 우리가 먹거리를 선택하는 데 영향을 미치는 규제를 하거나 먹거리에 대한 정보를 통제하는 것은 흔한 일입니다. 그렇게 하여 음식 문화를 만들어 내고, 먹는 방식을 결정하여 사람들이 그것을 따르도록 만드는 것입니다.

지금부터 몇십 년 전의 일이긴 하지만 도시락 검사라는 것이 있었습니다. 쌀이 모자라기 때문에 흰쌀밥이 아닌 보리나 콩 등을 넣은

살을 빼기 위하여 많은 사람들이 시간과 돈을 들여 헬스클럽 등을 찾는다.

잡곡밥을 도시락으로 싸 와야 한다는 것이 국가 정책이 되어 점심식사 시간 전에 도시락 뚜껑을 열고 선생님께 검사를 맡아야 했던 것입니다. 깜박 잊고 흰쌀밥을 싸 오면 짝꿍에게 보리쌀 몇 알 빌려 쌀밥 위에 듬성듬성 박아 놓고 검사에 통과하기도 했습니다. 그러다가 상황이 역전되어 농업의 기계화, 품종개량 등에 힘입어 쌀이 남아돌아가는 상황이 되자, 막걸리도 쌀로 만들어 먹자고 하여 쌀막걸리가 등장하였습니다. 심지어 쌀빵까지 등장하는 등 쌀 소비를 촉진하기 위한 정부의 홍보가 혼식을 장려하던 때만큼 적극적으로 펼쳐지곤

했습니다. 이와 같은 정책은 특정 재료로 만든 음식물이 얼마나 건강에 좋은지 이른바 과학자·전문가들을 동원한 홍보와 함께 이루어지기도 합니다. 이와 같은 일은 정부에 의해서만 이루어지는 것이 아닙니다. 먹거리를 제조·판매하는 회사가 그들의 제품을 더 많이 팔기 위하여 과학을 동원하는 일은 흔한 일입니다. 얼마 전까지만 해도 건강에 좋지 않다고 했던 식품이 여러 가지 과학적 근거와 함께 건강식품이라고 언론에 새로이 보도되기도 합니다. 그 반대로 좋은 먹거리라고 과학자들에 의하여 소개되었던 식품이 그렇지 않은 음식으로 판명되는 경우도 많습니다. 뿐만 아니라 필요하다면 아예 식품 제조업자들이 자신들에게 유리한 법령을 만들도록 정치권에 로비를 하는 경우도 있습니다. 존재(먹거리)는 똑같은 모습으로 있는데 이론(건강에 좋으냐, 나쁘냐)이 오락가락합니다. 이러한 것을 보면서 "이 세상에는 진리가 존재하는 것이 아니라 진리를 진리이게 보이게 하는 권력만이 존재 한다."고 하면서 이 사회를 통제하는 미시 권력에 주목한 프랑스 철학자 푸코(1926-1984)를 떠올리게 됩니다.

먹거리의 국제정치학

앞서 이야기한 것처럼 한쪽에서 굶어 죽는 사람들이 속출하는데, 다른 쪽에서는 음식이 남아도는 상황이라면, 넘치는 데서 덜어내어 부족한 쪽에 보태 주면 간단할 것입니다. 원조라는 이름으로 국제적으로 식량이 나누어지는 경우가 있긴 합니다. 식량 원조의 최대 제공자는 미국입니다. 1950년대에는 미국에서 마셜플랜Marshal plan이라는 이름으로 2차 세계대전 후 전쟁으로 인한 피해 복구를 지원하기 위하여 주로 유럽과 동아시아 지역에 있는 나라에 식량 원조를 했습니다. 1960년대 미국의 식량 원조는 인도와 남아시아 지역에 집중되었고, 7~80년대에는 베트남과 중동 지역으로 주요 원조 대상국이 변하였습니다. 1990년대 들어와 미국의 식량 원조는 사하라 이남의 아프리카 국가들에게 주로 이루어지고 있습니다.

그러나 이러한 국가 간의 식량 원조를 순수한 인류애에 기초한 식량 나눔으로 보기 어려운 측면도 있습니다. 가난한 나라에 대한 식량 원조가 부유한 나라에서 남는 잉여 농산물을 처리하는 한 방편으로, 혹은 그 대상국에 대한 정치적 목적을 관철하기 위한 카드로 사용되는 경우가 많기 때문입니다. 국제정치의 장에서 두 나라가 협상을 할 때 보통 부유한 나라들이 꺼내 드는 카드가 바로 식량 원조입니다. 내 말을 듣지 않으면 식량 원조를 끊겠다는 거지요.

그리고 국제 식량 원조의 규모는 그 원조 품목의 국제시장가격을 흔들어 놓지 않을 정도 안에서만 정해집니다. 만일 미국이 밀을 대량으로 가난한 나라에 무상으로 보내줌으로써 밀의 국제시장가격이 하락한다면 미국의 밀 생산자들이나 유통업자들이 가만히 있지 않을 것이기 때문입니다. 또한 식량 원조에는 원조를 받는 나라 국민들의 식습관을 바꾸어 이후 수출을 위한 시장으로 바뀌기를 바라거나 정치적으로 원조 공여국에 의존하도록 만들고자 하는 의도도 개입됩니다. 수수와 기장을 주식으로 했던 서아프리카 지역 주민들이 1970년대에 대량으로 밀과 쌀을 원조 받은 후 밀로 만든 빵을 더 좋아하게 되었다고 합니다. 이러한 상황에서 원조가 끊어지게 되면 밀을 원조했던 공여국에 정치적·경제적으로 의존하게 되는 것입니다.

국제정치에서 식량은 단순한 먹을 것이 아니라 무기로도 사용됩니다. 그래서 식량 안보라는 말도 등장한 것입니다. 1974년에 열린 세계식량정상회의에서는 식량 안보를 '국제적인 곡물의 생산량과 가격 변동에 좌우되지 않고 항상 안정적으로 자국민의 식량 소비를 지탱할 수 있도록 하는 것'이라고 정의하였습니다. 여러 곡물 중에서도 특히 주식으로 삼는 농산물의 안정적 공급이 무엇보다 중요합니다. 그런 이유로 옥수수 등 여러 가지 농산물의 최대 수입국인 일본이 자국 내 쌀 시장만큼은 개방하지 않고 어떻게든 지켜 내려 하는 것입니다.

치킨의 정치학도 가능하다

보글보글 끓는 된장국을 앞에 놓고 온 가족이 도란도란 맛있게 밥을 먹는데, 그리고 밤에 TV를 보다가 출출해서 '치킨' (치킨은 닭의 영어식 표현이지만, 편의상 치킨은 우리가 쉽게 주문해서 시켜 먹는 닭튀김 류의 먹거리를 말합니다.)을 주문해 배달시켜 먹는데 이것이 정치와 무슨 관계가 있냐고 생각할 수도 있겠지요. 물론 된장국에 매콤한 고추를 썰어 넣을 것이냐 말 것이냐, 치킨을 양념 반 후라이 반으로 시킬 것이냐 아니냐 하는 것은 그야말로 개인의 취향 문제이므로 정치와는 상관없을 수도 있을 것입니다. 그러나 그 음식이 내 입으로 들어오기까지 과정을 살펴보면 여러 가지 정치적 결정의 영향을 받아 왔던 것임을 알 수 있을 것입니다.

앞서 이중곡가제에 관하여 이야기했지만 먹거리의 가격도 단순히 수요와 공급 법칙에 의한 경제 원리만으로 결정되는 것이 아닙니다. 최근에 서민들이 좋아하는 치킨 가격이 원가에 비해 너무 비싸게 책정되었다고 시민들이 문제를 제기하자 치킨 체인점들이 원가를 공개하면서 과연 치킨의 소비자가격이 공정하냐 그렇지 않냐 하는 논쟁이 벌어졌습니다. '공정하냐 그렇지 않냐.' 하는 논쟁은 다분히 정치적 의미를 띤 논쟁이라고 할 수 있습니다.

그리고 또 최근에 치킨의 원재료인 생닭이 드디어 미국 시장에 진출했다는 기사가 신문에 나왔습니다. 생닭이 미국 시장에 진출하기까지도 여러 가지 정치적 결정이 개입되었을 것입니다. 누군가 맘먹고 쓰면 한 권의 '치킨의 정치학'도 가능할 것입니다.

먹거리를 둘러싼 정치학이 극명하게 드러난 것이 이른바 '미국산 소고기 수입을 둘러싼 촛불 시위'가 아닌가 합니다. 그저 정육점이나 슈퍼마켓에서 사다 먹으면 그만인 것으로 생각했던 소고기를 둘러싼 대규모 시위가 일어났던 것이지요. 소고기 수입을 둘러싼 여러 정치 행위에 대한 시민의 불만과 우려가 지극히 정치적 방식으로 표현된 것입니다.

앞에서도 이야기했지만 특히 먹거리를 둘러싼 정치학은 누가 무엇을 얼마만큼 먹느냐 하는 먹거리의 '분배 문제'에서 무엇보다 중요하게 생각되어야 합니다. 슈퍼마켓이나 조그만 동네 가게에만 가도 먹을 것이 넘쳐나 다들 잘 먹고 잘 살고 있는 것처럼 생각할 수 있지만 현실은 그렇지 않습니다. 그리고 경제적 능력에 따라 먹는 것의 질도 크게 차이가 나니, 설령 모든 사람의 삼시 세끼가 해결되었다고 해서 먹을 것이 다 고르게 분배되고 있다고 할 수는 없을 것입니다. 먹거리에도 촘촘히 들어가 있는 '정치'를 드러내고, 정치적으로 올바르게 먹거리가 만들어지고 나누어지도록 함께 노력해야겠습니다.